auses –
e
n der
lassen hat.

Letztes Foto zu Lenins Lebzeiten,
neben ihm ein Sanitäter
(Jahreswende 1923/24).

ROWOHLT · BERLIN

Tilman Spengler (Hg.)

Lenins letzte Tage

**Eine Rekonstruktion
von Alexej Chanjutin und
Boris Rawdin**

Rowohlt · Berlin

1. Auflage August 1994
Copyright © der russischen Ausgabe 1993 by Iskusstwo kino, Moskau
Copyright © an dem Text Lenin-Prospekt 1994 by Tilman Spengler
Copyright © 1994 by Rowohlt · Berlin Verlag GmbH, Berlin
Alle Rechte vorbehalten
Umschlaggestaltung Walter Hellmann
(Foto: Der kranke Lenin im Rollstuhl – IBA / Internationale Bilder-Agentur, Zürich)
Satz aus der Baskerville (Linotronic 500)
Gesamtherstellung Clausen & Bosse, Leck
Printed in Germany
ISBN 3 87134 097 9

Inhalt

Tilman Spengler
7 Lenin-Prospekt 1994

Alexej Chanjutin / Boris Rawdin
35 Lenin in Gorki
Ein literarisches Drehbuch
Aus dem Russischen
von Barbara Kerneck

Tilman Spengler
Lenin-Prospekt 1994

1. In der Zeitung ist es nur eine kurze Meldung: Der berühmte Schriftsteller Andrej Sinjawski, die Kultfigur des Widerstandes gegen den sowjetischen Obrigkeitsstaat, und seine Frau Maria Rosanowa waren nach Moskau gekommen, «um zum erstenmal in ihrem Leben das Leninmuseum zu besuchen». Niemand hatte ihnen mitgeteilt, daß dieses Museum bereits seit mehreren Wochen geschlossen ist. «Wir finden das bedauerlich», erklärt das Schriftstellerehepaar dem Reporter.

2. «Ich bin dort zum Pionier geschlagen worden», erinnert sich Rita, die Dolmetscherin, «es gab im Museum dafür einen besonderen Saal. Wir trugen weiße Blusen, meine war am Kragen noch ganz steif. Dann haben wir einen Eid geschworen, die Sache Lenins mit unserem Leben zu verteidigen. Ich habe noch ein altes Schulheft, da steht die Schwurformel auf der letzten Seite abgedruckt. Und seitdem wir gestern über diesen Namen zu reden begonnen haben...» sie legt den hübschen Kopf zurück und blickt zur Decke, «also ständig fallen mir diese Lieder wieder ein, die wir als Kinder gesungen haben. Nicht die ganzen Lieder natürlich, nur Bruchstücke, wie:

> ‹Als Lenin noch klein war,
> da hatte er Krauselhaar,
> und mit den Füßen bar
> lief er am Strand der Wo-ol-ga.›»

Die Dolmetscherin lacht. «So weit liegt das ja alles noch gar nicht zurück. Ich bin jetzt 26 Jahre alt, demnach muß ich das Lied Anfang der Siebziger gesungen haben. Und dann fällt mir noch ein, daß auch der erste unanständige Witz, den ich gehört habe, mit Lenin und der Krupskaja zu tun hatte.»
Weiß sie noch, wie der ging?
Rita schüttelt den Kopf. «Die fingen ja alle sehr ähnlich an: Lenin liegt mit der Krupskaja im Bett, sie sagt zu ihm: ‹Mach doch endlich mit mir, was deine Mutter dir immer verboten hat, mit jungen Frauen zu machen!› Darauf tut Lenin irgend etwas Banales, ich weiß es nicht mehr genau, er ißt hastig ihr Konfekt auf oder so etwas. Ich will damit auch nichts Böses erzählen, heute liest man ja nur noch Abfälliges über Lenin, und das gefällt mir auch nicht, ich will damit nur zeigen, wie sehr er mein Leben begleitet hat.»

3. Der Schauspieler ist auf dem Weg zu den Proben in seinem Theater und hat nicht viel Zeit. Selbst am Campari nippt er fast achtlos und die angebotene Zigarette drückt er schon nach wenigen Zügen wieder aus. «Das stimmt», sagt der Schauspieler, «viele Kritiker haben mir bestätigt, daß ich eigentlich der führende Lenin-Darsteller war. Meine Filme hatten nicht unbeträchtliche Erfolge. Andererseits sehe ich mich eigentlich in erster Linie als *Theater*schauspieler. Im Augenblick gebe ich gerade den Professor in ‹Onkel Wanja› – wir haben übrigens einen ganz ausgezeichneten Regisseur –, aber wenn Sie an Filmen interessiert sind, gut, Sie haben vielleicht ‹Die Ermordung der Zarenfamilie› gesehen, darin war ich der berühmte Dr. Bodkin, der Arzt der Majestäten. Doch ich will Ihnen noch einmal versichern, eigentlich bin ich, verstehen Sie, *Theater*schauspieler, Tschechow, Gogol, das ist meine Welt.»
Was war denn schwierig an der Rolle des Lenin?
Der Schauspieler seufzt und streicht sich durchs Haar. «Ich

würde nicht sagen, daß gerade diese Rolle eine besondere Herausforderung darstellte», sagt er gedehnt, «ich meine eine Herausforderung an den Schauspieler. Weit mehr schon war es ein Problem der Maske. Schauen Sie», der Schauspieler weist auf seinen Kopf, als könne er ihn jederzeit gegen ein anderes Modell austauschen, «schauen Sie, ich sehe Wladimir Iljitsch überhaupt nicht ähnlich, allein diese Haare, gut, sie sind weiß, doch was zählt, ist schließlich: sie sind noch vorhanden! Ich mußte vor jeder Szene mindestens vier Stunden in der Maske verbringen. Lenin sprach perfekt Deutsch, was ich nicht beherrsche – und er hatte kaum noch Haare. *Das* war anstrengend. Verstehen Sie, warum ich mich beim Theater so viel freier fühle!»

Der Darsteller verabschiedet sich, bevor die Tanzkapelle wieder ihr Spiel aufnimmt.

4. Der Sekretär des Vorsitzenden der Kommission für die Rehabilitierung der Opfer politischer Verfolgung verspricht, sein Chef würde zurückrufen, sobald er Zeit dazu fände. Die Kommission hat vor zwei Wochen, Anfang Februar, einen Bericht veröffentlicht, in dem Lenin und die Bolschewiken wegen der blutigen Niederschlagung des Aufstands der Kronstadter Matrosen im Jahre 1921 verurteilt werden. Mit Lenin habe der Terror angefangen, heißt es in dem Bericht, Stalin habe das einmal Begonnene nur fortgeführt. «Wir rufen zurück», versichert der Sekretär noch einmal, seine Stimme klingt müde und ein wenig so, als habe er dieses Versprechen schon häufiger gegeben, «allerdings müssen Sie uns Zeit lassen, es gibt noch so viel zu untersuchen.»

5. «Ich habe meinen Parteiausweis nicht weggeworfen wie so viele», ruft die lebhafte Frau, die früher das Leninmuseum leitete und heute dafür zuständig ist, daß die gesamte Kollektion, Briefe

und Büsten, Bilder und Briefmarken, unbeschädigt und vollständig an das Staatliche Museum für Geschichte weitergeleitet wird. «Ich habe mich auch keiner der neuen Parteien angeschlossen, ich halte an meinen alten Zielen fest, soziale Gerechtigkeit und Liebe zum Vaterland. Und was Lenin betrifft, schauen Sie, diese ganzen Auseinandersetzungen – um unser Museum und auch um das Mausoleum und dessen Zukunft – zeigen doch nur, daß unsere Politiker ihn immer noch für gefährlich halten. Lenin lebte, er lebt und er wird leben. Und er lebt ganz unabhängig von der Existenz dieser Räume hier.»

Die ehemalige Leiterin ist jetzt 47, «so alt wie Wladimir Iljitsch, als er die Oktoberrevolution auslöste», sagt sie und lacht kurz. «Er selbst hat nie ein Museum für seine Person gewollt, und was später daraus entstand, damit meine ich die dreißiger Jahre unseres Jahrhunderts, war nicht eigentlich ein Leninmuseum, es war vielmehr ein Museum im Namen Lenins – und diesen Namen benutzten viele.»

Ihre Assistentin schlägt ein Besucherbuch aus dem Jahre 1938 auf. Mit drei Ausrufezeichen ist ein mit Namen und Anschrift versehener Eintrag markiert: «Lenin ist nicht gestorben. Seitdem ich diese Ausstellung gesehen habe, weiß ich, er hat nur seinen Namen geändert. Jetzt heißt er Stalin.»

War das damals nicht eine lebensgefährliche Kritik?

«Ich glaube, es ist damals anders verstanden worden. Aber jetzt verstehen Sie vielleicht, was ich mit der Benutzbarkeit des Namens meine. Angefangen hat dieses Gezerre um seine Person natürlich schon viel früher, gleich nach seinem Tod, als die ersten großen Skulpturen angefertigt wurden. Denn so, wie er dargestellt wurde, behaupteten sofort jene, die ihn kannten, so habe er einfach nie ausgesehen, kein Porträt konnte seiner magnetischen Kraft, dem Phänomen seiner Persönlichkeit, dieser Dynamik Gerechtigkeit widerfahren lassen, er war eben...» die Leiterin unterbricht sich, «man soll eben unter keinen Umständen Mythen

schaffen, es muß alles wissenschaftlich angepackt werden!» führt sie den Satz zu einem unvorhergesehenen Ende und weist auf ein Regal mit Akten und Archivkästen.

In der Tat läßt die Einrichtung ihres Büros weniger an eine Stabsstelle denken als vielmehr an ein von Dokumenten heftig überfordertes Professorenzimmer. Irgend etwas fehlt trotzdem, denkt der Besucher, doch bevor ihm noch klar wird, worum es sich dabei handeln könnte, geht das Gespräch weiter.

«Selbstverständlich werden wir darauf achten, daß alle Exponate beisammenbleiben, die Prunkstücke der Sammlung genauso wie die weniger geliebten Objekte.»

Jene «weniger geliebten Objekte» sind so alt wie das Museum. Die Bilder von dem berühmten Schachspiel gehören dazu, das revolutionäre Studenten Lenin 1922 zum Geburtstag schenkten: rote und weiße Figuren, unter den roten befanden sich die Köpfe von Stalin und Trotzki, die Mitglieder des Politbüros stellten die Reihen der Bauern. Diese Figuren sind mittlerweile alle verschwunden – wie die Originale, deren Abbild sie waren. «Wenig geliebt» sind verständlicherweise auch die vielen Fotos und historischen Gemälde, die Personen und Unpersonen der sowjetischen Geschichte wie Verwandte auf einem Familienbild festhalten. Oder die Roosevelt-Büste, die Stalin von Truman geschenkt bekam. Zu schweigen von Briefen, von Beschlüssen, von Bekenntnissen. Sie alle sollen im Fundus bleiben.

«Sehr lange wird es kein Museum mehr geben», antwortet die Leiterin auf die Frage nach der Zukunft ihrer Institution. Von den früher rund 150 Mitarbeitern sind zwei Drittel bereits entlassen worden, noch sind zwei, drei Dutzend wissenschaftlicher Mitarbeiter mit dem Nachlaß beschäftigt, doch es werden immer weniger. «Dabei wäre es so wichtig, ein Vermächtnis zu hinterlassen ohne einen Mythos.»

Was hält sie denn von der Idee, Lenin aus seinem Mausoleum in Moskau nach St. Petersburg zu überführen und ihn dort neben

seiner Mutter zu bestatten, wie es ein Abgeordneter der Volkskammer vorgeschlagen hat?

«Für mich ist Lenin bereits begraben, und zwar hier, in Moskau. Vielleicht sollte man das Mausoleum schließen, doch eine Überführung, ganz gleich wohin, halte ich für einen Akt des Vandalismus. Aber das Mausoleum diente ja in den vergangenen Jahren wie unser Museum nur noch als Symbol für politische Richtungen. Wissen Sie, was ich machen würde, wenn dieses Haus wieder eröffnet wird?» Sie beugt sich vor, als müsse sie mir zum Abschied noch ein Geheimnis einflüstern. «Ich würde im letzten Saal nur Bilder von Politikern aufhängen und davor die Statue einer Frau mit einem Knüppel stellen. Sie wissen doch, in unserem orthodoxen Glauben heißt es, wenn Gott keinen Regen bringt, dann kann man auf ihn prügeln.»

Neben dem Eingang zum früheren Museum, die Vorderseite gegen den roten Klinkerbau gelehnt, ruht das mannshohe, vor Wochen schon abmontierte Emblem des Begründers der Sowjetmacht. Um auf den Roten Platz zu gelangen, muß der Besucher über mehrere Bauzäune steigen. Einige hundert Meter weiter, hinter dem Mausoleum, dort, wo die heroischen Schneeplastiken, nur noch von wenigen Kindern beachtet und zum Spiel genutzt, vor sich hin schmelzen, fällt ihm plötzlich ein, was im Büro der Museumsleiterin fehlte: Im ganzen Raum hing kein einziges Porträt von Lenin.

6. «Und wer hat uns das ganze Problem mit den Nationalitäten eingebrockt?» brüllt der dicke Mann mit der hohen Stirn und dem herabhängenden Schnurrbart am Nachbartisch. In der Bar ist es warm und kratzig verraucht, doch er hält den Kunstpelzkragen seiner Lederjacke hochgeschlagen. «Warum müssen 25 Millionen Russen jenseits ihrer Heimat leben? Warum sollen immer noch aus echten Russen falsche Ukrainer werden oder Kasaken, die alle ihre wahre Muttersprache nicht mehr gebrauchen

dürfen? Ihr kennt die Antwort, Wladimir Aronowitsch Schirinowski kennt sie, und ich kenne sie auch. Diese Grenzen hat euer, hat unser Lenin persönlich nach der Revolution nur aus Rache gegen seine Gegner falsch gezogen. Aus Rache, versteht ihr, aus Rache gegen uns *Russen*!»

7. Der Redakteur oder die Redakteurin der «Komsomolskaja Prawda» hat sich eine besonders witzige Überschrift ausgedacht. «Lenins Hirn bleibt weiter im Dunkeln, weil es das Licht scheut!» lautet der Titel eines Artikels, der darüber berichtet, daß russische Forscher erstmals seit Lenins Tod dessen Hirn anatomisch exakt analysiert hätten. Wissenschaftlich betrachtet, habe es sich nach Auskunft der Pathologen um ein eher durchschnittliches Gehirn gehandelt. Der Medizingeschichte seien schon größere, gewichtigere und ausgeprägtere Gehirne untergekommen. Wenn jetzt im westlichen Ausland behauptet würde, dieses Gehirn sei bereits vor siebzig Jahren in kleine Scheiben zerlegt, auf signifikante Merkmale überprüft und dann zum Teil sogar heimlich abfotografiert und gestohlen worden, so handele es sich dabei um finstere, von den bekannten internationalen Interessen gesteuerte, durch nichts zu erhärtende Gerüchte. Lenins Hirn sei seit seiner Entnahme im Januar des Jahres 1924 ständig hervorragend bewacht worden. In Kriegs- wie in Friedenszeiten. Unter den derzeit obwaltenden Umständen seien die ohnehin sehr strengen Sicherheitsvorkehrungen noch einmal verschärft worden. Praktisch habe im Augenblick außer den mit der Untersuchung befaßten Medizinern niemand mehr Zutritt zu dem bestens abgeschirmten Forschungsinstitut. Das ändere natürlich nichts an dem wissenschaftlichen Befund über die Qualität der Zellen und der Windungen. Wie bereits ausgeführt: eben nur ein Durchschnittshirn.

(Als das Organ des großen Revolutionärs zum erstenmal unter das Mikroskop einer interessierten akademischen Öffentlich-

keit geriet, man schrieb das Jahr 1927, das Forscherteam stand unter deutscher Leitung, war der Befund noch ein wenig freundlicher ausgefallen. Von einem «Hirnathleten» und einem «Assoziationsriesen» berichtete das deutsche medizinische Fachblatt zwei Jahre später. In mehr als 30000 Scheibchen geschnitten, präpariert und analysiert wurde das Objekt übrigens in dem ehemaligen Anwesen eines durch die bolschewistische Revolution um seine Habe gebrachten Zuckerhändlers an der Bolschaja Jakimanka, Nr. 38. Das formen- und farbenprächtige Haus hat die Zeitläufte überdauert. Heute residiert dort die Französische Botschaft.)

8. «So klein und verletzlich hatte ich ihn überhaupt nicht in Erinnerung», seufzt die junge Braut ergriffen, nachdem sie die Stufen wieder hochgestiegen ist. Ein Windstoß faltet ihr weißes Hochzeitskleid zu einem riesigen Fächer auseinander. Der Bräutigam und die beiden Trauzeugen lachen. «Es ist plötzlich wieder so hell hier draußen, man wird ja fast blind. Aber jetzt ab zum Fotografen!»

Die Braut zieht einen grellgrünen Kamm aus ihrem Täschchen. «Am meisten hat mich wieder sein rechtes Ohr gerührt, es wirkt so winzig auf diesem großen, kahlen Schädel.» Sie steckt den Kamm zurück und schraubt ihren Lippenstift auf. «Ich bin froh, daß wir gleich nach dem Standesamt hierher, zum Mausoleum, gekommen sind.» Ihr glücklicher Blick streift das Kaufhaus GUM, wandert zu den Türmen der Basilius-Kathedrale und kehrt zurück zu dem schwarzroten Granitbau an der Kremlmauer. «Schön ist zudem, daß man nicht mehr so lange anstehen muß wie früher, als wir noch mit der ganzen Klasse kamen. Du findest doch auch», sie hakt ihren Arm unter die breite, purpurne Schärpe des Trauzeugen, «so ein Besuch gibt diesem Tag eine ganz besondere Würde.»

9. Der ehemalige Kommandant des Mausoleums arbeitet heute in einer kleinen Dienststelle im fünften Stock eines graugelben Verwaltungsgebäudes, weit entfernt vom Roten Platz. Er ist Offizier, und er hat als Historiker gearbeitet, seine Monographien über die kommunistischen Helden, die an der Kremlmauer begraben sind, wurden in den späten siebziger Jahren in beachtlicher Auflage auch von einem Verlag der DDR veröffentlicht. Daß Lenin in seinem Testament verlangt habe, neben seiner Mutter in St. Petersburg bestattet zu werden, bezeichnet er als die plumpe, leicht zu entlarvende Lüge eines Volksdeputierten, der von anderen, mächtigeren Politikern des Landes wie eine Marionette benutzt wurde. «Wie ein kleiner Bauer im Schachspiel», sagt der Kommandant verächtlich, «ein Bauer, so groß wie mein Fingernagel», das habe jener Abgeordnete selbst zugeben müssen. Aber die Medien hätten diese Lüge landesweit verbreitet, jetzt sei dieses faule Märchen eben in der Welt. Ein typisches Werk von Politikern, von Zwergen, die noch stolz darauf wären, soeben ein Riesenreich zerschlagen zu haben. Die gedankenlose Tat talentloser Funktionäre, die sich stets nur nach ihrem Vorteil richteten. «Heute sitzen andere an der Kasse, somit werden heute auch andere Meinungen gekauft.»

Dabei liege der Fall doch klar auf der Hand: So wie die Moslems ihr Mekka verehrten, die Christen ihr Jerusalem, so sei das natürliche Zentrum der Danksagung aller Kommunisten das Mausoleum gewesen. «Hier sind die Soldaten 1941, nach dem deutschen Überfall, vorbeigezogen, bevor sie in die Schlacht rückten. Hier versammelte man sich nach Stalins Tod, um dem wahren Begründer des Sozialismus Respekt zu erweisen.» Der Kommandant faltet sorgfältig die Hände. «In den 70 Jahren seit Bestehen der Gedenkstätte wurden mehr als 120 Millionen Besucher gezählt, doch nach Stalins Tod war der Andrang so gewaltig, daß wir zum erstenmal Eintrittskarten für einen Besuch ausgeben mußten.»

Aber damals lag doch Stalin, prunkvoll aufgebahrt, neben Lenin. Damals prangte sein Name genauso schlicht-golden auf dem Eingangsportal. Wie konnte man in jener Situation, wenige Jahre vor dem XX. Parteitag und dessen Enthüllungen, unterscheiden, wem die Verehrung galt?

Der Kommandant öffnet einen abgegriffenen Ordner, blättert, zieht einen rosa Pappstreifen, kaum größer als eine Visitenkarte, hervor und hält ihn hoch wie das Beweisstück in einem Indizienprozeß. «Ich habe diese Karte aufbewahrt, weil ich damals nicht hingegangen bin. Mir war schon lange klar, daß es sich bei Stalin um einen Verbrecher handelte.»

Und was wird die Geschichte, nicht nur die Geschichte der Kommunistischen Partei, über Lenin sagen?

Wenn man sich nur ein wenig in der Geschichte auskenne, erläutert der Kommandant, und seine Stimme wird dabei wieder ruhig und fest, dann komme man schnell zu der Einsicht, daß sich alle Geschehnisse wie die Wellen im Meer bewegten. Das Schicksal Lenins sei zur Zeit von einer zurückweichenden Welle erfaßt. «Vergleichbares ist aber anderen historischen Größen genauso widerfahren, ganz besonders, wenn es sich um Revolutionäre handelte.» Der Kommandant erinnert an Oliver Cromwell und das Unrecht, das *dessen* sterblichen Überresten mehr als ein Jahrzehnt nach seinem Tod zugefügt wurde. «Aber heute ist jeder britische Schüler wieder stolz auf Cromwell», sagt der Kommandant befriedigt, «als weiteres Beispiel nenne ich Ihnen die Namen von Marat und Mirabeau, auch sie galten mal als schurkenhafte Verschwörer, mal als Helden, und wenn wir jetzt an die Gebeine von Napoleon denken, nun, die waren vor einer Schändung durch ihre politischen Gegner und deren Handlanger nur deshalb so lange sicher, weil sie sich auf dieser weit vom französischen Mutterland entfernten Insel befanden.»

Eine kleine, weißhaarige Frau in graublauem Kostüm tritt ohne anzuklopfen in das Büro des Kommandanten und macht

ihn auf einen Termin aufmerksam. Noch bevor er antworten kann, ist sie schon wieder verschwunden.

«Sie sind ein junger Mann», sagt der Kommandant, nachdem seine Gesichtsfarbe von leichtem Rosa wieder ins Gräuliche gewechselt hat, «ich verspreche Ihnen, im Jahre 2017, zum 100. Jahrestag unserer Revolution, sitzen Sie auf der Pressetribüne am Roten Platz, erfreuen sich an den herrlichen Paraden und berichten über eine große Feier.»

Und Lenin, wird der dann noch immer in seinem Mausoleum liegen?

Zwei eisgraue, buschige Augenbrauen heben sich zu Rundbögen. «Lenin bleibt hier begraben, hier bei uns in Moskau, drei Meter unter der Erde. Wobei ich noch anfügen möchte: Der von euch im Westen so verehrte Jesus wurde bei weitem nicht so christlich begraben wie unser Wladimir Iljitsch. Diese Höhle, in die seine Jünger den Leichnam schafften, vor deren Eingang sie dann Felsblöcke rollten, die lag doch auf ebener Erde. Also, ich bitte Sie, vergleichen Sie selbst!»

Auch im Dienstzimmer des Kommandanten entdecke ich keinen Gegenstand, der an Lenin erinnert.

10. «Mich stört die Kälte überhaupt nicht», sagt der stämmige Devotionalienhändler mit der Hasenscharte, der Rita und mich auf dem Roten Platz angesprochen hat, um ins Geschäft zu kommen. «In Afghanistan war es kälter. Mich stört bloß, daß sich bei diesem Wetter kaum ausländische Touristen blicken lassen. Das sind die einzigen, an denen man noch verdienen kann. Und jetzt, wo das Museum geschlossen ist, sollte ich vielleicht auch in die Lenin-Berge, dort halten mehr Busse.» Wie aufgezogen klappt er einen kunststoffbezogenen Koffer auf, aus dessen Innerem uns wie erstarrte Goldfische Briefmarken, Anstecknadeln und Verdienstorden mit dem Porträt Lenins entgegenblicken. «Alles Eins-a-Qualität und einwandfrei original», ruft er.

In welcher Einheit hat er denn gedient, damals in Afghanistan?

«Von Fragen kann ich mir nichts kaufen», antwortet er mürrisch.

11. Der Psychiater hat Schwierigkeiten, den Sinn meiner Frage zu verstehen. «Vielleicht ist es meine Schuld», sagt er höflich abwehrend, «vielleicht war mein Tag in der Klinik ein wenig zu ermüdend.» Zarte Finger greifen nach dem robusten Horngestell einer dicklinsigen Brille und nehmen sie ab von einer feinwandigen Nase. «Wenn ich von westlichen Journalisten befragt werde, geht es denen seit einigen Jahren immer nur um ein anderes, doch immer dasselbe Thema, nämlich die leidige Geschichte des Mißbrauchs der Seelenkunde unter den zuvor herrschenden, ich darf sagen: politisch erzwungenen Verhältnissen. Auf vielen internationalen Kongressen habe ich darüber Auskunft geben müssen, manchmal drängte sich mir der Eindruck auf, als gebe es, psychopathologisch betrachtet, in unserem großen Land tatsächlich keine anderen Befunde. Dabei hat meine Arbeit, wenn wir einmal grob gesellschaftspolitisch reden, nur mit dem allgemeinen Formenkreis der Suchtkrankheiten zu tun, die in der Tat ein signifikantes Problem darstellten und leider auch heute noch darstellen.»

Er kreuzt die Beine und lächelt mild. «Trotzdem nehme ich Ihre Einladung zu einem Glas Wein gerne an. Sie haben mir ja die strikteste Anonymität versprochen, bei allem, was Sie eventuell gegen mich zu verwenden beabsichtigen, wie es in Ihren Detektivserien heißt, die wir in unserem Fernsehen natürlich begeistert verfolgen.»

Es gehe uns um den klassischen, in der einschlägigen Literatur häufig beschriebenen Fall von Größenwahn, beginne ich zögerlich.

«*Illusion de grandeur*», lächelt der Psychiater verständnisvoll,

«*Megalomanie*, das ist mir natürlich bekannt. Dieses Phänomen ist auch hier bekannt und übrigens eher rückläufig. Zumindest nach unseren Statistiken. Womit wir es in letzter Zeit weit häufiger zu tun haben, sind Fälle von depressivem Kleinheitswahn.» Er zieht ein lose verschnürtes Bündel hektographierter Blätter aus seiner Aktentasche. Das oberste Blatt rutscht unter der Kordel durch und segelt zu Boden. An der vorsichtigen Bückbewegung des Psychiaters können wir ablesen, daß er sich in einem körperlichen Zustand befindet, in welchem Bandscheiben nicht mehr als gottgegeben betrachtet werden dürfen. «Worum genau geht es Ihnen eigentlich wirklich?» will er wissen, nachdem er umständlich wieder Platz genommen hat: Ich wage die direkte Frage.

«Wie viele Fälle sind Ihnen bekannt, in denen sich heute noch – oder vielleicht wieder – ein Patient für Lenin hält?»

Der Psychiater blickt uns einige Sekunden starr an, wird ein wenig rot und bricht dann in schallendes Gelächter aus. «Sie müssen verzeihen», sagt er, nachdem die Gesichtszüge wieder unter Kontrolle gebracht wurden, «ich hatte wirklich geglaubt, Sie wollten mich zu ganz anderen Problemen ausforschen, und auf solche hatte ich mich auch vorbereitet, auf Massenmörder, sexuell von der gängigen Norm unserer Gesellschaft abweichendes Verhalten, psychische Verwahrlosung.» Er klopft auf seinen Papierstoß. «Ganz andere Probleme», wiederholt er und greift zum Glas, als beginne nun der lustige Teil der Veranstaltung. «Nein, ich will Ihnen nicht ausweichen, natürlich hat es solche Fälle gegeben. Weniger häufig allerdings, als man vermuten würde. Nun ist Megalomanie bekanntlich ein sehr diffuses Krankheitsbild. Wenn ich zurückdenke, sind mir mehr Patienten in Erinnerung, die sich für ein Mitglied der Zarenfamilie hielten, als solche, deren Wahnvorstellung sich auf Lenin richtete. Doch wie schon gesagt, in den letzten Jahren haben wir es sehr viel häufiger mit jenem depressiven Kleinheitswahn zu tun. Wenn

sich unter diesen Umständen – und unter den gegebenen politischen Verhältnissen – ein Patient in die Rolle von Lenin hineinversetzt, ich gebe zu, es kommt vor; also, wäre ich zynisch, würde ich das sogar für einen Fall von ganz beachtlicher Ichstärke halten. Damit sollte er doch glücklich sein!»

12. «Bei uns im Stadtviertel gab es einen Eisverkäufer», erinnert sich Rita, «einen dicken Mann mit rotem Kopf und weißer Haube aus Papier, der hatte überhaupt das allerbeste Eis von der Welt. Und wenn er uns die Portion überreichte, sagte er: ‹Schon Lenin hat verkündet, der Sowjetmensch hat soviel Energie, deshalb braucht er viel Eiscreme, sonst überhitzt sich sein System!»

13. Wir trinken Campari, französischen Rotwein und finnischen Wodka, alles aus dem kleinen Supermarkt um die Ecke, mit der freundlichen Bedienung, die offenbar rund um die Uhr ihren Dienst verrichtet, und in dem grimmige junge Männer in Kampfstiefeln und dunklen Overalls die Auslagen und die Kasse bewachen.

Vor dem Fenster der warmen Wohnküche häufelt sich der Schnee zu einem kleinen Bergpanorama. Aus dem Zimmer des Sohnes unseres Gastgebers schmelzt es bereits zum fünftenmal: «If you leave me now...» Oleg liebt die Gruppe *Chicago*. Sein Vater hat ihm die Platte aus Amerika mitgebracht. Schriftstellerkongresse hinterlassen häufig interkulturelle Nebenwirkungen, von denen die Veranstalter keine Ahnung haben.

Auf dem Tisch, verteilt wie kleine Schlepper zwischen Gläsern und Flaschen, ruhen in rauchschwarz geschliffenen, kleinen Kristallschalen grüne Oliven und blasse Sardellen, gesalzene Nüsse, Peperoni, eingelegte Pilze. Die beiden Schiffchen mit dem Kaviar sind schon vor einer guten Stunde von ihrer Fracht befreit worden.

«Aber warum müssen wir denn ausgerechnet über Lenin reden, an einem so angenehmen Abend wie heute?» fragt Jewgeni,

«schaut, mein Kind spielt glücklich mit seinem Feuerwehrauto, der Kaviar war nur ein *wenig* trocken, zu trinken gibt es auch noch genug. Reden über Lenin, das kommt mir vor wie ein apokalyptisches Verhängnis, deshalb meine Frage: Warum brauchen wir einen der drei Reiter gerade jetzt, wo wir ihn endlich losgeworden sind?»

Der umsichtige Gastgeber schenkt ihm aus der Rotweinkaraffe nach. «Niemand *muß* darüber reden», sagt er beschwichtigend, «es gibt eben einen Gast an unserem Tisch, der sich für dieses Thema interessiert. Wir zwei können nachher auch noch die Frage der französischen Lizenzen deines letzten Romans besprechen.»

Jewgeni nimmt das volle Glas entgegen und setzt es gleich wieder ab. «Ich kann auch sofort darüber reden», erwidert er, «über diese ausländischen Lizenzen genauso wie über Lenin.» Er umklammert sein Glas mit einer festen Hand. «Erinnert ihr euch noch an diese Zeile von Majakowski: ‹Lenin ist lebendiger als jeder Lebende›?»

Eine blonde Frau neben ihm macht Anstalten, die zweite Zeile der Strophe hinzuzufügen, doch Jewgeni winkt ihr mit seiner freien Hand zu schweigen. «Man soll den Kerl endlich begraben», ruft er, «ganz gleich, ob in Gorki, wo er starb, ob in Petersburg, wo er sich angeblich unter die Erde wünschte, oder wo auch immer. Hier in Moskau ist diese Leiche nur ein Stachel in der sich nie richtig schließenden Wunde, ein Stachel, der ständig neuen Eiter fließen läßt...»

«Eine Leiche als Stachel, das ist weiß Gott keine schlechte Metapher», wird Jewgeni unterbrochen, «schäm dich und laß dir etwas Besseres einfallen!»

«Ich scheiß auf eure Metaphern; jedenfalls, einmal muß endlich mit allem Schluß sein, mit Lenins Vergangenheit genauso wie mit der meinen. Und je schneller das geschieht, für dich, für mich, für ihn, desto besser!»

Die blonde Frau an seiner Seite bringt das Gespräch schnell, geschickt und völlig unvermittelt auf das Thema Internationale Urheberrechte zurück. Sie klagt über den in letzter Zeit so auffälligen Mangel an Vertrauen, das besonders die französischen Verlage den nur aus dem «Samisdat» bekannten russischen Autoren entgegenbringen. «Damals wurde man für seine Mühen hierzulande noch durch eine Veröffentlichung in jener begehrten Fremdsprache entschädigt, und was ist heute davon geblieben?»

«In Italien geht es meinen Büchern besser», bestätigt vom untern Ende des Tisches her ein junger, blaßgesichtiger Kollege, der seine langen, zarten Finger wie zum Gebet gefaltet hat.

«Aber ich bin noch nicht ganz in eurer Stimmung, ich will mich erst ein wenig sammeln.» Er steht bedächtig auf und geht mit langsamen Schritten auf die Musik zu, die wieder das Lied der Gruppe *Chicago* spielt: «If you leave me now...»

Jewgenis Sohn spielt unverdrossen mit dem an den Kotflügeln leicht eingedellten Feuerwehrauto. Der Junge hat die Leiter bereits entfernt und rettet unter leichtem Stöhnen zwei weiße, holzgeschnitzte Bauern aus einem Schachspiel vor der drohenden Brandkatastrophe. Die Rotweinflasche gerät dabei in ein leichtes Torkeln und klopft an den Wodka.

«Boris müßte eigentlich am stärksten leiden, wenn es Lenin nicht einmal mehr als Geist gibt», lacht die Blonde, nachdem der Blaßgesichtige nicht mehr in Hörweite ist, «schließlich lebt seine Literatur wie keine andere nur von der Vernichtung dieses erhabenen revolutionären Geistes, der uns allen als kostenlose Infusion mit der Muttermilch verabreicht wurde.»

«Vielleicht hat Boris nicht ganz die Klasse von Wolodja», bestätigt ihr Nachbar, «doch wenn es darum geht, Kacke, Pisse und Sperma wie Raketengeschosse auf einen Mythos zu richten, kommt ihm kaum einer gleich. Boris will Lenin mit seinen eigenen Exkrementen vernichten. Ohne Lenin muß er Verhaltungen in seiner Phantasie kriegen.»

Das Kind mit dem Feuerwehrauto will wissen, ob es zur Versorgung der Verletzten noch Orangensaft und frische Blini gibt.

«Boris will Träume auslöschen», sagt der Gastgeber, «oder er will ihnen ein solches Gewicht an den Schwanz hängen, daß sie sich nicht mehr in Reinheit und Klarheit erheben und zu einer unheilstiftenden Phantasie werden können.»

«An den Schwanz hängen, das gehört als Metapher aber auch bestraft», fällt ihm die Blonde in den Satz, «wobei ich an einen ziemlich schlüpfrigen Traum denken muß, den mir einmal eine Studienkameradin erzählte, mit der ich in den Semesterferien Kartoffeln ausgraben mußte...»

«Boris, du kommst gerade recht, setz dich, es geht um schlüpfrige Träume!»

«Vielleicht reicht ja Orangensaft», bittet das Kind mit dem beschädigten Feuerwehrauto für seine Opfer. «*Wenn* es schon keine Blini mehr gibt.»

«In diesem Traum ging es um jene Wolldecke, die ihr alle einmal gesehen habt, als wir im Kreml durch Lenins Arbeitsräume geführt wurden. Dieses kratzige, karierte, ich glaube weißblaue Laken, das angeblich Lenins Mutter ihrem Sohn einmal geschenkt haben soll, damit es der Bub immer warm hat, und das er bis zu seinem Lebensende bei sich behielt.»

Und um welchen Traum ging es?

«Nun, diese Kommilitonin, ein Mädchen mit so weißen und so weichen Oberschenkeln, daß ich sie immer darum beneidete, wenn wir nebeneinander unter der Dusche standen, sie gab also damit an, daß sie nachts im Bett nur eine Falte ihrer Bettdecke zwischen die Knie nehmen müßte, und schon dächte sie an den Vater der Oktoberrevolution – mit den entsprechenden Auswirkungen auf ihr mädchenhaftes Gemüt und schrecklich feuchten Folgen.»

«Eine widerwärtige Vorstellung», ruft Jewgeni, sichtlich erregt und abgestoßen. Sein Sohn freut sich über die frischen Blini.

14. Der Sekretär des Vorsitzenden der Kommission für die Rehabilitierung der Opfer politischer Verfolgung erinnert sich nur noch mühsam an den Anlaß unserer vorausgegangenen Telefongespräche. «Es ist eben soviel im Fluß», bittet er um Nachsicht. «Ich kenne auch nur ganz wenige, die sich so nachdrücklich um Aufklärung bemühen wie unsere Kommission, doch Sie müssen verstehen, selbst wir haben einfach nicht die Unterlagen – und ich bezweifle, ob irgend jemand in Moskau diese Unterlagen hat –, um Ihnen sagen zu können, an welchen öffentlichen Gebäuden das Emblem Lenins bereits abmontiert worden ist.»

15. «Ich halte Balzac für einen sehr genialen französischen Schriftsteller», erklärt Frau Olga Uljanowa, Lenins Nichte, und sie wirft mir einen prüfenden, fast strengen Blick zu, als hätte meine Miene Zweifel an ihrem Urteil ausgedrückt. «Balzac hat einmal in einem Roman geschrieben: Wenn ein Mensch an der Spitze der Macht steht, schreibt man ihm alles Positive zu, wenn er dagegen von der Macht entfernt wird, alles Negative. Sehen Sie, genau das ist meinem Onkel widerfahren!»

Olga Uljanowa lebt in einer – für Moskauer Verhältnisse – sehr großzügig geschnittenen Wohnung in einem hellen Klinkerbau, unweit der Twerskaja, unweit auch des Mausoleums. Man muß nur kurze Zeit in der russischen Hauptstadt gelebt haben, um zu erkennen, daß es sich bei diesem Apartment um die Inkarnation von schierem Wohnluxus handelt.

Persönliche Erinnerungen an ihren berühmten Onkel hat die Nichte des Gründers der Sowjetmacht nur indirekt, dazu liegen Lenins Todes- und das Geburtsdatum von Frau Uljanowa zu nahe beieinander.

«Man hätte aus Lenin, obwohl er ein großer Mensch war, nie einen Mythos, nie eine Ikone machen dürfen», greift unsere Gastgeberin das Gespräch wieder auf, «das war überflüssig, obwohl ich verstehe, daß ein Volk manchmal Ikonen braucht. Aber hier

kann man einen Vergleich ziehen zwischen Lenin und Christus, irgendwann einmal hieß es: Kreuzigt ihn! Danach setzten dann in beiden historischen Fällen Verehrung und Vergötterung ein.»

An der Wand hinter dem uns im Halbprofil zugewandten Kopf der Frau Uljanowa hängen Ölgemälde russischer Landschaften. Es sind schöne Bilder, ganz in der Tradition der naturalistischen Malerei der Jahrhundertwende. Zwischen zwei bunten Leinwänden ist ein schwarz und weiß gebrannter Porzellanteller mit dem Porträt ihres Onkels befestigt. Um den Rand des Tellers steht auf deutsch die Inschrift: «Der Marxismus ist allmächtig, weil er wahr ist.»

Olga Uljanowa hat zum zweitenmal das Foto in meinem Ausweis mit meinem augenblicklichen Erscheinungsbild verglichen. «Man hätte ihn nicht kanonisieren dürfen», sagt sie und schüttelt den Kopf, «hätte man ihn nicht erst so hochleben lassen, dann könnte man heute seinen Namen auch nicht so billig in den Schmutz ziehen.»

Und wer ist für die Zerstörung der Legende verantwortlich?

«Das begann schon vor vielen Jahren. Die Vereinigten Staaten von Amerika wollten eine große Macht vernichten. Und dazu mußten sie das Ansehen jenes Mannes in den Schmutz ziehen, der hier in Moskau verehrt wurde, verehrt wie kein zweiter.» Frau Uljanowa rückt mir auf dem blankpolierten Parkett mit ihrem Stuhl entgegen und beugt sich vor. «Verstehen Sie, man mußte nicht nur unsere Wirtschaft zerstören, sondern auch den Glauben, auch unsere Ideologie. So begannen sie mit der groben Verleumdung großer Persönlichkeiten, Sie dürfen den Vorgang auch ruhig ‹Besudeln› nennen – und da kam Wladimir Iljitsch, da kam Lenin natürlich an erster Stelle.»

Es sind in den Vereinigten Staaten aber auch sehr viele schmeichelhafte Werke über Lenin erschienen, wenden wir an dieser Stelle ein, zu schweigen von den Werken seriöser amerikanischer Historiker.

«Glauben», erwidert darauf Frau Uljanowa etwas unwirsch, «richtigen Glauben schenken sollte man nur der Biographie der Krupskaja, schließlich blieben die beiden seit dem 25. Lebensjahr beieinander! Schreiben dürfen ja mittlerweile viele», befindet die Nichte streng und überprüft spielerisch ein weiteres Mal meinen Ausweis.

«Man hätte ihn einfach nicht zur Ikone machen sollen», seufzt sie noch einmal, «Friede und soziale Gerechtigkeit, das sind doch keine Ideale, an denen irgendein Mensch etwas auszusetzen hat. Und heute? Glauben Sie, wir lebten heute im Kapitalismus?» Frau Uljanowa schüttelt voll Abscheu ihre perlmutt getönten Haarwellen, «womit wir es hier und jetzt zu schaffen haben, das ist vor allem eine *korrupte* Gesellschaft. All diese Schmierer, diese Heuchler, diese wendigen Bürschchen. Wem verdanken sie denn ihren Aufstieg, wenn nicht dem Sozialismus? Ich arbeite an der Lomonossow-Universität, ich weiß genau, wovon ich rede. Ohne unser Schulsystem, ohne die ständigen sozialen Absicherungen, ja auch ohne die Ideale unserer Erziehung würden die meisten meiner Kollegen irgendwo weit draußen auf dem Lande leben und mit den bloßen Fingern in der Erde wühlen. Doch das will in diesen Tagen der schleimenden Anpassung niemand mehr wahrhaben. Aber genau dieses würde ich den Menschen gerne ins Gesicht sagen, die sich so flink gewendet haben und die beständig mit einer Zunge ohne Knochen reden.»

Die für unseren Besuch ausgemachte Zeit ist abgelaufen, ich bedanke mich für die Auskünfte.

Zum Abschied überreicht mir Olga Uljanowa eine Visitenkarte, die sie nicht nur als Mitglied der chemischen Fakultät ihrer Universität ausweist, sondern auch als Angehörige des sowjetischen Journalistenverbandes.

Handschriftlich hat sie auf der Vorderseite diesen Funktionen noch hinzugefügt: «The Member of Internat. Committee of Lenin's Defense».

Erst nachdem wir der freundlichen Hausbeschließerin und ihrem Enkelkind in der lichten Eingangshalle des Wohnblocks einen Wiedersehensgruß zugewunken haben, fällt mir ein, daß ich versäumt habe, mich nach jenem «Internat. Committee» zu erkundigen, das sich die Verteidigung von Lenin auf das Panier geschrieben hat.

Einige Tage später holen wir das Versäumte nach. Der Vorsitzende des Komitees, erfahren wir von der Nichte, ist ein bekannter italienischer Verleger namens Roberto Napoleone, der auch schon ein Buch von ihr, von Frau Uljanowa, herausgebracht hat. Roberto Napoleone ist Kommunist und der Verfasser mehrerer mahnender, bisweilen auch anklagender Briefe an die neugebildete russische Regierung, in denen es um seinen strengen Protest gegen die «blindwütige» Vernichtung von Lenin-Denkmälern in der ehemaligen Sowjetunion geht. Unlängst hat er einer doch meinungsführenden italienischen Zeitung dazu ein Interview gegeben, das sogar in der «Prawda» nachgedruckt wurde.

Wie viele Russen gehören eigentlich zu diesem internationalen Komitee, und an wen denkt das Komitee als künftige Mitglieder?

«Es mögen so um die fünfzig Personen sein», erfahren wir eine Woche später am Telefon.

Gibt es darunter einen berühmten Namen, den wir in unserem Bericht hervorheben sollten?

«Mein Mann ist jedenfalls dabei», antwortet Frau Uljanowa schlicht.

16. *Moskau am Abend* meldet, daß am Vorabend des Geburtstags «der revolutionären Persönlichkeit Lenin» das Mausoleum mit zwölf Tonnen Wasser bespült worden ist. Um keinerlei unliebsame Aufmerksamkeit der Öffentlichkeit zu erregen, sei die Aktion zu einer Stunde erfolgt, in der sich kaum noch Besucher auf dem Roten Platz befanden.

17. Der Filmemacher Alexej Chanjutin hat zusammen mit dem Historiker Boris Rawdin ein literarisches Drehbuch geschrieben, das den Titel trägt «Lenin in Gorki». Es geht um Lenins letzte Lebensmonate, und die Reaktion der Altkommunisten darauf ist gereizt. In der «Prawda» konnte man lesen, daß das ganze Projekt nur der Bereicherung der Autoren diene, das war verbunden mit dem schlichten Hinweis: «Eine Hure verdient mehr als eine anständige Frau.» Ein anderer Beitrag zum selben Thema teilt mit, es handele sich bei dem Drehbuch um den schäbigen Versuch, Lenins letzte Exkremente zu rekonstruieren.

«Er wohnt am Leningradski-Prospekt, gegenüber dem Thälmann-Denkmal», berichtet Rita, der es gelungen ist, Chanjutin ausfindig zu machen. «Er spricht wie ein richtiger Intellektueller, nicht zu laut und nicht zu leise, seine Augen sind blau, doch am meisten fielen mir seine weißen Wimpern auf. Anfangs wollte er mir nicht die Hand zur Begrüßung reichen, aber es gab Tee und Eingemachtes.»

Die Wohnung des Autors weist tatsächlich alle Eigenschaften auf, die Filmausstatter gerne zur Schaffung eines intellektuellen Milieus bemühen. Büchertürme grenzen an Manuskriptstapel, Zettel pflanzen sich über Ablagen fort, Schreibstifte markieren aufgeschlagene Seiten.

«Hier in Rußland werden wir wahrscheinlich das Geld für die Produktion nicht aufbringen können», sagt Chanjutin und setzt seine Brille ab. Die Wimpern sind wirklich blendend weiß. «Dabei geht es nur um sieben- oder achthunderttausend Dollar. Wahrscheinlich muß man bei der Realisierung stärker an den Westen denken, an all die Länder, denen die Hintergründe unserer Geschichte nicht so vertraut sind.» Er setzt die Brille wieder auf. «Für uns ist das ja ein anderer Fall, für uns ist Lenin ein Teil unseres Lebens, wie das Eis für sieben Kopeken.»

«Ich kann mich auch noch daran erinnern», fügt Rita ihrer Übersetzung hinzu, «es schmeckte nach schwarzen Johannisbee-

ren.» Herr Chanjutin lächelt. Sein Lächeln ist explosiv, danach werden die Lippen wieder ganz schmal. «Verstehen Sie», sagt er, ohne unsere Reaktion abzuwarten, «Lenin ist das Rätsel unseres Jahrhunderts, wenn wir dieses Rätsel nicht lösen, geht unsere ganze Geschichte verloren. Wie wird aus dem Anführer einer kleinen Partei das Idol der Massen? Dieses Geheimnis müssen wir aufschlüsseln. Ich wollte doch keinen Skandal um das Drehbuch oder den Film, an ‹Lenin in Gorki› will ich nur zeigen, was zuvor in unserem Land geschehen ist und was sich danach als Möglichkeit aufbaute.»

Und wie hat er sich seinem Thema genähert?

«Dokumente», seufzt Herr Chanjutin mit dem Glück und der Wehmut eines Mannes, der einen langen Weg durch Archive hinter sich gebracht hat. «Der Stoff ist dadurch völlig wahrheitsgetreu geworden, es gibt Lenins Krankheitsgeschichte, ein Dokument von 400 Seiten, es gibt die Notizen seiner Pfleger, es waren ja immer um die zweihundert Mann in seiner Nähe, und dann gab es noch die ihn betreuenden Assistenten und Leibwächter, die ihn vergötterten.»

Zum Abschluß möchte ich noch gerne wissen, ob sich bei den Nachforschungen ein ganz neuer, bislang nicht wahrgenommener Charakterzug des Revolutionärs herausgestellt hat.

«Ich will versuchen, es vorsichtig zu formulieren», antwortet Herr Chanjutin. «Vielleicht war alles auch nur eine Frage der Ausstattung, doch als mir klar wurde, wie viele Räume Lenin wirklich bewohnt hat, mußte ich erkennen, ein Asket, also ein Asket, so wie wir ihn immer vorgeführt bekommen haben, war dieser Mann nun wirklich nicht.»

18. In der Nacht vor dem Heimflug träume ich angstvoll von den Galgenvogelgesichtern, die mich bei meiner Ankunft in der Empfangshalle des Moskauer Flughafens so interessiert abschätzend gemustert haben. Teigige Gesichter unter Pelzkappen. Dunkle,

lückenhafte Zahnreihen, zwischen denen, wie ein Fluch oder eine Obszönität, das Wort «Taxi» hervorgepreßt wird. Angeschlissene, fleckige Jeansanzüge, abgetretene Cowboystiefel mit metallenen Spitzen, schwere gefütterte Jacken aus Kunststoffleder.

Meine linke Hand krampft sich um den Griff der Reisetasche, dann läßt sie wieder locker. Eine unbekannte Stimme hatte mir zugeraunt: «Wenn es nur Bücher sind, können Sie völlig unbesorgt sein, glauben Sie mir, mit Büchern hat hier niemand etwas im Sinn.» Ich wende mich um, doch ich kann den Sprecher nicht erkennen.

Darauf verbleichen die fahlen Neonfarben in meinem Traum zu einem verwaschenen Schwarzweiß. An die Stelle der Taxifahrer ist eine Gruppe bärtiger Gestalten in langen, dunklen Mänteln getreten.

Einer aus der Gruppe tritt auf mich zu, zieht einen Schreibblock aus der Tasche, deutet eine Verbeugung an und deklamiert mit einer tiefen, rollenden Stimme:

> *«Der Haufen Arbeit,*
> * das Kommen und Gehen*
> *wich vor dem Dämmer,*
> * der Alltag schwand.*
> *Im Zimmer blieben:*
> * ich*
> *   und Lenin –*
> *er als Bild*
> * an der weißen Wand.*
> *Mit offenem Mund*
> * in packender Rede,*
> *die Borsten*
> * des Schnurrbarts*
> *   steif und wirr,*

>   *die Falten*
>   *der Stirn:*
>   *ein Gedankengehege*
> *für Riesengedanken*
>   *einer Riesenstirn...»*

Der kleinste der Bärtigen unterbricht den Vortragenden mit einer brüsken Geste und überreicht mir seine Visitenkarte, die ich wegen ihrer kyrillischen Buchstaben allerdings nicht entziffern kann. «Das reicht vorerst, Genosse Majakowski», sagt er streng zu dem nach einem Glas greifenden Poeten. «Wenn ich dich daran erinnern darf: *Ich* bin der Vorsitzende des ‹Komitees für die Unsterblichkeit›, wir haben unsere Arbeit knapp ein Jahr nach Lenins Tod begonnen, vier Jahre bevor du uns dieses Gedicht vorlegtest, das du jetzt offenbar ständig aufsagen mußt. Vielleicht interessiert unseren Gast aber auch, was der Kollege Maxim Gorki damals zu sagen hatte. Ich bitte um Applaus und seinen Beitrag!»

Wie der Conférencier einer Truppe von Varieté-Künstlern macht er mit dem rechten Arm eine ausladende Geste, ein weiterer Bärtiger tritt vor, kneift einen Zwicker auf die Nase und liest:

«Wladimir Lenin, ein großer, echter Mensch dieser Welt, ist tot. Sein Tod war ein sehr schmerzhafter Schlag für alle, die ihn kannten, ein sehr schmerzhafter!

Aber der schwarze Todesstrich unterstreicht in den Augen der ganzen Welt desto stärker seine Bedeutung – die Bedeutung des Führers der Werktätigen aller Welt.»

Ein vierter Bärtiger, hagere Gestalt, Pfeife zwischen den Zähnen, murmelt dazwischen: «Todesstrich, der unterstreicht, also, meine Prosa ist das nicht.»

«Weitermachen», ruft hastig der Vorsitzende des ‹Komitees für Unsterblichkeit›, «sofort weitermachen, auf Daniil Charms

hat hier noch nie jemand gehört, ich weiß gar nicht, was dieser Phantast unter uns verloren hat.»

«Und wenn die Wolke von Haß, die Wolke von Lüge und Verleumdung, die seinen Namen umgibt, noch dichter wäre –», fährt Gorki fort, «*es würde nichts nützen: Es gibt keine Kraft, die es vermag, die von Lenin in das stickige Dunkel der kopflos gewordenen Welt erhobene Fackel zu verfinstern.*

Und es gab keinen Menschen, der so wie dieser wirklich ewiges Andenken in der Welt verdient hat.

Wladimir Lenin ist tot. Die Erben seines Verstandes und seines Willens leben. Leben und arbeiten so erfolgreich, wie nie und nirgends je ein Mensch gearbeitet hat.»

Gorki hüstelt und läßt sein Blatt sinken. Majakowski und der Vorsitzende klatschen Beifall. Daniil Charms tritt auf den berühmten Autor zu und verpaßt ihm eine schallende Ohrfeige. «Mit allem Respekt, ich halte das für eine Spekulatiussprache», ruft Charms erregt. «Was soll eine stickige Welt mit einem kopflosen Dunkel anfangen? Wo kriegt man heute noch Fackeln her, die können sich nur Schieber leisten! Und in welcher Schlange muß ich mich anstellen, wenn ich mich als Erbe seines Verstandes ausweisen will?»

Gorki spuckt einen blutigen Zahn aus und reibt vorsichtig die Spitze seines langen Bartes über dem dunklen Flecken, der sich auf seiner linken Wange ausgebreitet hat. Seine Augen funkeln. «Von dort oben wird dir die Strafe zukommen», zischt er und deutet fuchtelnd in die Höhe, «es wird eine angemessen gerechte Strafe sein!»

Ich reckte den Hals und folge mit meinem Blick seinem ausgestreckten Arm. Plötzlich befinde ich mich nicht mehr auf dem Flughafen, sondern in der Nähe des Kreml, vor dem Palast des Obersten Sowjets, einem mehr als dreihundert Meter hohen Gebäude, das sich nach oben verschlankt wie eine mehrstufige Rakete. Auf der Spitze, so als habe er den Bau gerade erst

erstiegen, erkenne ich einen triumphierenden Lenin, dessen rechter Arm auf den Mond zeigt. Die Luft ist warm und süß geworden. Wie zärtliche Finger umspielen mehrere Lichtkegel den Baukörper.

Daniil Charms reißt an Gorkis Bart, löst ihn vom Kinn und hält den schwarzen Haarbausch triumphierend hoch. «Alles falsch», sagt er mit der Zufriedenheit eines Mannes, der gerade eine mathematische Demonstration durchgeführt hat, «nichts stimmt, weder der Bart noch das Gebäude.» Er zieht seinen Hut. «Dieser Palast wurde nie gebaut, und Gorki hatte nie die Kraft, sich einen anständigen Bart wachsen zu lassen. Es ist alles sehr peinlich, am besten, man redet nicht davon.»

Seine Silhouette verschwindet wie ein sich auflösendes Wasserzeichen. «Lenin war ein Heiliger», sagt Gorki, «besser gesagt, er wäre ein Heiliger gewesen.» Majakowski schweigt.

Der Vorsitzende des «Komitees für die Unsterblichkeit» beißt in ein gebratenes Huhn. «Natürlich war er ein Heiliger», bekräftigt er mit vollem Mund. «Der erste Filmheilige der Weltgeschichte. Nichts hätte das russische Volk ohne ihn zustande gebracht, nichts ohne ihn und seinen Ruhm.»

Majakowski klopft ihm auf die Schulter. «Die Krupskaja hätte uns das beinahe alles verdorben», ruft er, «nur gut, daß damals echte Männer zur Stelle waren.»

Wir stehen wieder in der Empfangshalle des Flughafens. Ich suche auf der Anzeigentafel die Einstiegszeit für meine Maschine nach Berlin. Mir ist klar, daß ich mich verspätet habe, doch ich kann nicht erkennen, um wie viele Minuten, denn die Tafel ist vollgehängt mit fluoreszierenden Ikonen.

Irgendwo klingelt ein Telefon.

«Sie wollten geweckt werden», sagt eine freundliche Frauenstimme. «Sollen wir Ihnen ein Taxi bestellen?»

Ein dummer Traum. Daniil Charms hätte gesagt: «Am besten, man redet nicht davon!»

Alexej Chanjutin / Boris Rawdin
Lenin in Gorki
Ein literarisches Drehbuch

Die dokumentarische Basis für das vorliegende Drehbuch bilden Erinnerungen, Briefe, Tagebücher und dienstliche Aufzeichnungen der Personen, die mit Wladimir Iljitsch Lenin vom Mai 1923 bis zum Januar 1924 Kontakt hatten. Das sind Verwandte Lenins, die Ärzte, die zu seiner Behandlung hinzugezogen wurden, Sanitäter und Krankenschwestern, die Hausangestellten des Gutes Gorki, Mitarbeiter der Leibwache, Lenins Kampfgenossen aus der Partei. Bei der Arbeit am Drehbuch über Lenins letzte Lebensmonate in Gorki* wurden außerdem die «Chronik der Krankengeschichte Wladimir Iljitsch Lenins», Dokumente des Politbüros und des Sekretariats des ZK der RKP (b) ausgewertet sowie Materialien der Kommission des Allrussischen Zentralen Exekutivkomitees zum Ewigen Gedenken Lenins, Berichte der OGPU über Gerüchte, die im Zusammenhang mit seiner Krankheit und seinem Tod entstanden sind, Archivmaterialien und andere Quellen.

* Anm. d. Übers.: Der Ortsname «Gorki» bedeutet soviel wie «kleine Berge». Mit dem berühmten Schriftsteller hat er von seinem Ursprung her nichts zu tun. Allerdings existiert im Russischen ein Homonym dazu: das Eigenschaftswort «gorki», d. h. «bitter». Für russischsprachige Zuschauer oder Leser birgt der Titel also auch die Assoziation zu «Bitterem» oder «Bitternis». Und Maxim Gorki wollte mit seinem Pseudonym als der «Bittere» gelten.

Die handelnden Personen

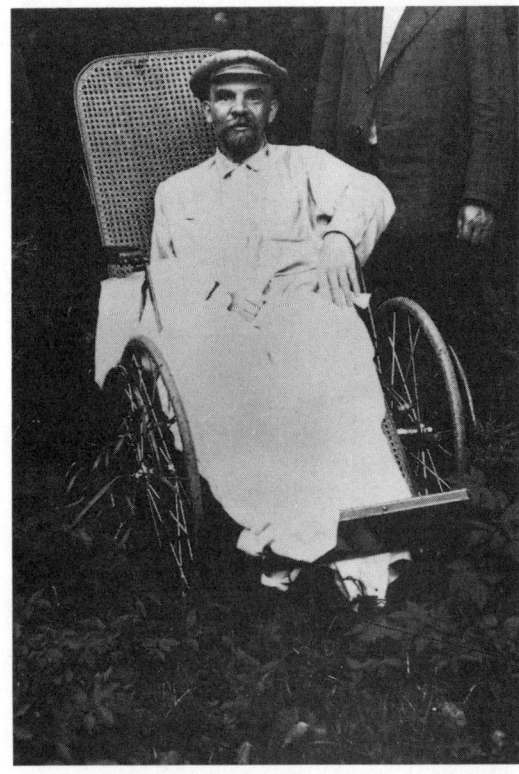

Lenin in Gorki

WLADIMIR ILJITSCH LENIN
53 Jahre alt, Kopf der sowjetischen Regierung, Führer und Begründer der Russischen Kommunistischen Partei (Bolschewiki). Partei-Spitzname: der «Alte». Seit März 1923 ist die rechte Seite seines Körpers gelähmt, er kann weder sprechen noch lesen oder schreiben. Seiner Umgebung kann er sich nur durch Mimik und Wortfetzen verständlich machen.

Nadjeschda Konstantinowna Krupskaja

Von links nach rechts: Sorka, Uljanowa, Popow, Rukawischnikow

NADJESCHDA KONSTANTINOWNA KRUPSKAJA
54 Jahre, Frau und Kombattantin Lenins. Parteimitglied seit 1898. Partei-Spitznamen: der «Fisch», das «Neunauge». Plump, halbblind, sensibel. Sie gibt nichts auf ihr Äußeres, ist immer abscheulich gekleidet. Während der Zeit seiner Krankheit ist sie Lenin von allen am nächsten und versteht ihn am besten.

MARIJA ILJINITSCHNA ULJANOWA
45 Jahre alt, Lenins kleine Schwester. Parteimitglied seit 1889. Partei-Spitznamen: «Bär», «Bärchen», «Mimose». Als «Schwester» und «Hausherrin» mischt sie sich ständig in alle Alltagsbelange ein, sogar in Fragen des Sicherheitsschutzes und der medizinischen Behandlung Lenins. Was regelmäßig zum Streit mit der Krupskaja führt.

KASIMIR SORKA-RIMSCHA
28 Jahre alt, Medizinstudent, der an der Seite des kranken Lenin als Sanitäter tätig ist. Parteimitglied seit 1913. Teilnehmer der Revolution und des Bürgerkrieges. Sekretär des Parteibüros der «Ersten Moskauer Universität». Er kann sich nicht von seinem Tagebuch trennen, in das er alles einträgt, was nach seiner Ankunft dem «Führer des Weltproletariates» widerfährt.

WLADIMIR RUKAWISCHNIKOW
31 Jahre alt, Medizinstudent. Parteimitglied seit 1920, Teilnehmer des Bürgerkrieges. Bei der Bewachung Lenins wechselt er sich mit Sorka im Schichtdienst ab.

Von links nach rechts:
Rukawischnikow,
Popow, Pakaln

Von links nach rechts:
Dobrogajew, Ossipow,
Getier

PJOTR PETROWITSCH PAKALN
37 Jahre alt, Chef von Lenins Leibwächtergruppe. Tschekist seit 1917. Für seinen gegenwärtigen Posten wurde er auf Empfehlung von Marija Iljinitschna Uljanowa engagiert. Er ist Lenin aufrichtig ergeben. Saufbold und Schürzenjäger.

OTTFRIED FOERSTER
50 Jahre alt, Professor und Neurologe aus Deutschland. Spielt bei der Behandlung Lenins die führende Rolle. Seit Lenin nahezu allergisch auf Ärzte reagiert, beobachtet er seinen Patienten sehr diskret. Leidet, weil ihm die Umstände nicht erlauben, seinen ärztlichen Pflichten Genüge zu tun.

VIKTOR PETROWITSCH OSSIPOW
52 Jahre alt, Professor und Psychiater. Ein Mann Sinowjews. Nach der Revolution ist er zwei- oder dreimal wegen konterrevolutionärer Tätigkeit verhaftet worden. 1923 zog man ihn zu Lenins Ärzteteam hinzu, weil sein Mäzen darauf bestand. Besondere Initiative entfaltet er in dieser Funktion nicht, weil er Anschuldigungen und neue Verhaftungen fürchtet. Düster.

WLADIMIR NIKOLAJEWITSCH ROSANOW
51 Jahre alt, Professor und Chirurg. Ein Mann Stalins. Nach dem Attentat auf Lenin im Jahre 1918 wurde er erstmals zu diesem gerufen. Er hat viele berühmte Bolschewiki operiert, darunter auch Stalin, der ihm vertraut. Im März 1923 wurde er von Stalin gebeten, am Bett Lenins zu wachen. Ein Spaßvogel.

FJODOR ALEXANDROWITSCH GETIER

60 Jahre alt, praktischer Arzt. Hausarzt von Lenin, der Krupskaja und Trotzki. Letzterer wird von ihm ständig über den Gesundheitszustand Lenins und über den Stand der Dinge in Gorki informiert. Da er glaubt, von seinem hochgestellten Patienten Rückendeckung zu haben, nimmt er in allen Fragen von Lenins Behandlung eine unabhängige Position ein. Einer der wenigen, die Lenin während seiner Krankheit immer ohne Murren empfängt.

Die folgenden Schüler und Kampfgenossen Lenins sind die Hauptprätendenten auf sein politisches Erbe und die Macht im Lande:

Nikolaj Iwanowitsch Bucharin

Die «Trojka»: von links nach rechts Stalin, (Rykow,) Kamenjew und Sinowjew

николај Iwanowitsch Bucharin
35 Jahre alt, Kandidat des Politbüros, Chefredakteur der «Prawda».

Grigori Jewsejewitsch Sinowjew
40 Jahre alt, Mitglied des Politbüros, Kopf der Petrograder Parteiorganisation und Vorsitzender des Exekutivkomitees der III. Internationale.

Ljew Borisowitsch Kamenjew
40 Jahre alt, Mitglied des Politbüros, Stellvertreter Lenins im Rat der Volkskommissare.

Iossif Wissarionowitsch Stalin
44 Jahre alt, Generalsekretär des ZK der Partei.

Ljew Dawidowitsch Trotzki
44 Jahre alt, Mitglied des Politbüros, Volkskommissar für Militär- und Flottenfragen.

Ljew Dawidowitsch Trotzki

Der Kongreß
17. April 1923

Der «Andrejewski-Saal» im Großen Kremlpalast. Eine schmale Bühne unter einem Leinwand-Baldachin. Seitlich Palmen in Kübeln, darüber Transparente – Begrüßungssprüche zum XII. Parteitag der RKP (b).* Das Tageslicht, das durch die hohen Fenster dringt, vermischt sich mit dem Licht der Palastlüster und der Scheinwerfer der aus dem feierlichen Anlaß herbeizitierten «Kinochronika»**.

* Gegründet wurde die Russische Kommunistische Partei (RKP) im eigentlichen Sinne erst auf dem 1903 in Brüssel begonnenen und in London fortgesetzten Zweiten Parteitag. An dem sogenannten Ersten Parteitag 1898 in Minsk hatten nur acht Personen teilgenommen, die bald darauf verhaftet worden waren. In Brüssel standen sich zwei Fraktionen gegenüber: die Anhänger der Revolution einerseits und eines gemäßigten Reformismus andererseits, das Konzept eines kleinen, flexiblen und elitären Kampfbundes gegen das einer Volkspartei. Die letztere Gruppe errang in Brüssel einen Abstimmungssieg. Nachdem aber die Delegierten zweier kleinerer Fraktionen ihren Austritt erklärt hatten, legte Lenin erneut einen Plan zur Reorganisation der Parteiführung vor und gewann diesmal mit einer Mehrheit von zwei Stimmen bei sehr vielen Enthaltungen. Auf diese eher zufällige Weise kam es dazu, daß Lenins Leute als «Bolschewiki» bezeichnet wurden (die Leute von der Mehrheit) und seine Fraktion an den Parteinamen ein kleines «b» in Klammern anfügte. Von ihren Gegnern sprach man als von den «Menschewiki» (den Minderheitlern). Der XII. Parteitag der RKP(b), vom 17.–24. April 1923, war der erste, an dem Lenin nicht persönlich teilnahm. Fast zwangsläufig ergab sich daraus, daß hier zum erstenmal – wie später gang und gäbe – Lenin-Zitate als Waffe in der innerparteilichen Diskussion eingesetzt wurden. Auf diesem Parteitag präzisierte man die 1921 eingeführte Linie der «Neuen Ökonomischen Politik» (ein Kurs mit vielen Konzessionen an die Marktwirtschaft). Weitere Hauptthemen waren die Fortentwicklung der Kooperativen, beschleunigter Aufbau der Schwerindustrie und der Entwurf einer Konstitution für die 1922 gegründete UdSSR. Er sollte am 31. 1. 1924 – zehn Tage nach Lenins Tod – verabschiedet werden.
** Die «Kinochronika» war eine Art Kinowochenschau.

Der Kongreß hat noch nicht begonnen: im Saal vernimmt man allerlei Gemurmel, hinter dem langen Präsidiumstisch steht eine Reihe leerer Stühle.
Auf die Bühne klettert Kamenjew. Die Stimmen im Saal verstummen.

KAMENJEW: Genossen, heute, da wir mit der alljährlichen Militärparade der kommunistischen Armee aller Sowjetrepubliken beginnen, wenden sich unser aller Gedanken zuerst demjenigen zu, der jahrzehntelang an der Spitze unserer Partei gestanden hat und auch dieser Tage dort steht...
Donnernder Applaus – eine Demonstration der Liebe und Ergebenheit für den abwesenden Lenin, während deren Kamenjew verständnisvoll innehält.
KAMENJEW: Unser erster Gedanke gilt Wladimir Iljitsch. Wir alle glauben fest daran, daß er wieder aufstehen wird. Wir alle senden unsere eindringlichsten Genesungswünsche an den Ort, wo der kranke Führer liegt. Es sind die besten Vertreter der medizinischen Wissenschaft, die uns sagen: Der Zustand Wladimir Iljitschs ist ernst, aber nicht hoffnungslos... Die Möglichkeiten unserer Wissenschaft sind bei weitem noch nicht erschöpft, ebensowenig wie die Kräfte Wladimir Iljitschs. Er wird aufstehen, zurückkehren und das Steuer der Weltrevolution erneut in seine Hände nehmen, die Hände eines Kämpfers und Führers.
Applaus. Zuerst stehen die hinteren Reihen auf, nach und nach alle anderen. Die Internationale wird angestimmt, der Saal singt: «Steht auf, Verdammte dieser Erde...»
Es singen die alte Garde und das junge Fußvolk der Partei, es singen Menschen, die bis vor kurzem noch Arbeiter waren, es singt die Partei-Intelligenz – in Anzügen, manche sogar mit Weste –, es singen die wenigen Frauen, die in diesem Saal vertreten sind, und die zahlreichen Ausländer, die gekommen sind.

Und es singen die «Führer der Partei». Trotzkis Stimme eilt den anderen ein wenig voraus – unangekränkelt von Zweifeln, daß ihm der Partei-Saal schon folgen wird. Daneben singt Sinowjew – in der festen Überzeugung, daß die Partei ihm und nicht Trotzki singend folgt. Freudig und vorübergehend alle Querelen vergessend, singt der Liebling der Partei: Bucharin. Eher verhalten, ganz im Widerspruch zu seiner Solistenrolle auf der Bühne, legt Kamenjew singend den Schwur ab. Mit den Händen auf der Lehne des vor ihm stehenden Sessels und, seiner schleppenden Sprechweise gemäß, immer wieder einige Worte auslassend, singt Stalin – und denkt dabei Gott weiß woran.

«Auf zum letzten Gefecht...»

Und in der stickigen Luft des Saales vereint sich die gemeinsame Überzeugung aller Anwesenden:

«Die Internationa-ha-le erkämpft das Menschenrecht!»

Objekt «Gorki-Eins»

Das Herrenhaus «Gorki» – vor der Revolution Landgut der Frau des Fabrikanten Sawa Morosow. Seit 1918 Vorortdatscha des Vorsitzenden des Sowjets der Volkskommissare, Wladimir Iljitsch Uljanow (Lenin). Eine Allee im Park. Ein Teich mit einem Brückchen. Eine Laube. Ein blühender Apfelgarten. Ein Wächterpaar mit Flinten trottet träge am Zaun entlang. Das große Herrenhaus mit Säulen, flankiert von zwei Seitenflügeln. An dem Blumenbeet der Westfassade streicht noch ein Wächter entlang. Im Wintergarten des Haupthauses, zwischen Skulpturen, Palmen und Möbeln in Schutzbezügen, wachst ein Dienstmädchen den Boden. Im Geflügelhof sortiert eine Angestellte die Eier. Einige braune, besonders große legt sie für den Hausherrn zurück. Die Küche. Am großen Herd hantieren zwei Köchinnen in einfachen Kleidern. Am kleinen – die persönliche Köchin Lenins in einer weißen Schürze.

Auf dem Balkon des Haupthauses steht Pjotr Petrowitsch Pakaln, der Chef der Leninschen Wache. Er trägt glänzende Lederstiefel, Reithosen, eine Militärjoppe mit vier großen aufgesetzten Taschen und eine militärische Schirmmütze, beides noch aus der Vorkriegszeit. Er mustert aufmerksam den an das Haus angrenzenden Teil des Parks und bemerkt eine Person, die sich hinter einem Baum versteckt hält.

PAKALN: Da ist einer! *(Pfeift gellend.)* Strunjez! Ich seh dich, da, hinter der Birke!

Der Ertappte kommt hinter der Birke hervor. Pakaln richtet sein Fernglas auf den Wirtschaftshof, auf das entfernte Dorf, auf die Palmen, die man für den Sommer aus dem Wintergarten in den Park hinausgestellt hat. Hinter einem Palmenkübel erspäht er Waden in Wickelgamaschen und Soldatenstiefeln.

PAKALN: Stalkis! Bleiben Sie hinter der Palme! Alle anderen im Laufschritt zu mir!
Unter dem Balkon versammeln sich fünf bis sechs Mitarbeiter der Wache.
PAKALN: Soweit ist es also schon gekommen. Ihr wißt nicht einmal mehr, wie man sich versteckt. Und rumlaufen tun wir, wie es uns gefällt, der eine barfuß, der andere ohne Gürtel. Bald werden wir wohl noch ohne Hose rumlaufen, nicht wahr, Alikin? Glaubst wohl, weil ich oft in Moskau bin, merk ich nichts mehr? Noch einmal, Serdjukow! Ich werd's kontrollieren.
Pakaln verläßt seinen Kommandoposten. Hinter ihm ertönt die Stimme des neuen «Kommandeurs».
SERDJUKOW: Also: Während ich auf den Balkon hinaufsteige, alle verstecken! Im Umkreis von 20 Metern.
Das Pförtnerzimmer im Haupthaus.
PAKALN am Telefon: Ja, die Leute sind angekommen, ich instruiere sie gerade. *(Lauscht.)* Ja, den Kurier habe ich losgeschickt. Das wär's. Tschüs.
Pakaln dreht sich um. Außer ihm selbst befinden sich noch Ljagutkin im Zimmer, der als Kommandeur hierher versetzt worden ist, und fünf weitere Leute in Militärhemden und -jacken. Die neue Wachtruppe. Drei sitzen gesittet an der Wand, zwei stehen – es gibt nicht genügend Hocker für alle.
PAKALN: Na, Ljagutkin, haben Sie die Neuen instruiert?
LJAGUTKIN: Jawoll, Genosse Kommandeur.
PAKALN: Und alle haben verstanden?
DIE NEUEN *(durcheinander)*: Jawoll.
PAKALN: Na, wollen wir mal sehen. *(Zu einem der Neuen.)* Du da, wie heißt du?
NEUER: Nedobeschkin.
PAKALN: Also, Nedobeschkin, wiederhole.
NEUER *(deutlich)*: Auf das Territorium des Objektes darf ohne Erlaubnis des Chefs der Wache, des Genossen Pakaln...

PAKALN: Das heißt also ohne meine Erlaubnis.
NEUER: Niemand eingelassen werden.
PAKALN: Und wenn plötzlich Genosse Dserschinski angefahren kommt, oder Genosse Trotzki?
NEUER: Dürfen nur vom Genossen Pakaln eingelassen werden.
PAKALN: Richtig. Also. *(Sieht sich unter den Neuen um und legt eine Pause ein.)* Wen wir bewachen werden, das wißt ihr?
Die Neuen erraten es, schweigen aber.
PAKALN: Das Objekt nennt sich – «Gorki-Eins». Hier werden... Genosse Lenin und Familie wohnen...
Pakaln macht noch einmal eine vielsagende Pause, um sich an der Wirkung seiner Mitteilung zu berauschen. Aber der erhoffte Effekt tritt nicht ein. Nur ein einziger der Neuen – Nedobeschkin – tut ihm den Gefallen und gerät in Verwirrung.
PAKALN: Also. Haben alle den Alten... den Genossen Lenin schon einmal gesehen?
Die Neuen schweigen wieder. Irgendwie gesehen haben sie ihn ja schon einmal, aber soll man das sagen? Pakaln fischt aus seiner Brusttasche ein Bündel schmuddeliger Fotografien, mischt sie und zieht dabei die Fotos heraus, die sich seiner Meinung nach zur Identifikation am besten eignen. Folgende Aufnahmen schnellen aus dem Päckchen hervor und verschwinden wieder in seiner Tasche: Pakaln mit Lenin im Automobil. Lenin schreitet die Wsjewobutscha-Front* ab, Lenin auf der Demonstration zum Ersten Mai, Lenin in seinem Arbeitszimmer, Lenin auf einem Spaziergang in Gorki. Die letzte Aufnahme scheint Pakaln passend, und er reicht sie den Neuen.
PAKALN: Die ist schon vor langer Zeit aufgenommen, macht aber nichts – trotzdem unverwechselbar.
Die Neuen verschlingen die Fotografie mit den Augen. Als Nedo-

---

* Eine paramilitärische Formation, die in den Jahren 1918 bis 1923 gebildet und für eine Art «Volkssturm» trainiert wurde.

beschkin an der Reihe ist, mustert er fragend Pakaln – ob der nicht selbst Lenin ist?

PAKALN: Und hier die Frau und die Schwester des Genossen Lenin *(zeigt sie).* Die Frau, Nadjeschda Konstantinowna, das ist die, die nach links schaut, und die andere – ist seine Schwester Marja Iljinitschna. Das Hauptobjekt ist der Genosse Lenin. Dem haben Sie nicht unter die Augen zu geraten. Sollte es doch einmal passieren – sich auf kein Gespräch einlassen. Gemäß der Instruktion sind auch zufällige Treffen mit ihm verboten. Zu Lenin zugelassen sind: ich, als Chef der Wache – zum ersten; Marja Iljinitschna als Schwester – zum zweiten; Nadjeschda Konstantinowna als Frau – zum dritten. Na, und dann noch die Ärzte und Sanitäter. Sind Sie nun alle mit dem Genossen Lenin vertraut? Die Fotos zurück! *(Steckt die Fotografien in die Tasche.)* Noch Fragen?

NEDOBESCHKIN: Und wann wird der Genosse Lenin eintreffen?

PAKALN: Sobald er sich freimachen kann, wird er kommen.

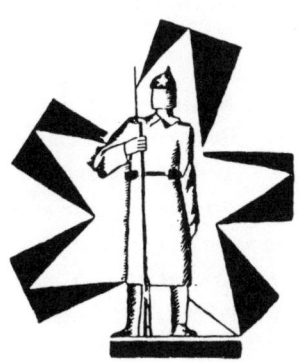

Umzug auf die Datscha
15. Mai 1923

Aussichtsplattform auf der Kremlmauer. Ein Wachhabender. Die Turmuhr schlägt. Korridor in Lenins Wohnung im Kreml. Ein Leibwächter auf einer Teppichbrücke, die extra ausgelegt wurde, um den Kranken nicht durch das Knarren der Dielenbretter zu stören. Nicht einmal der Schlag der Turmuhr vermag die dicken Gemäuer des ehemaligen Senatsgebäudes zu durchdringen. Aus der Tiefe des Korridors kommt Pakaln herbeigehastet, schleicht sich ins Zimmer Lenins, aus dem gedämpfte Stimmen dringen, Füßescharren. Im Türausschnitt erscheint eine Krankenhausbahre auf Rollen, darauf ein Mensch. Die Bahre passiert den Durchbruch bis zur Hälfte. Wie Säulen werden von einer Decke umhüllte Beine sichtbar.

STIMME *(hinter der Tür hervor)*: Na, wohin wollt ihr denn – immer voran mit den Beinen!

Die Bahre stoppt und verschwindet wieder hinter der Tür. Man vernimmt Geräusche, im Zimmer fällt etwas Schweres und Weiches zu Boden.

STIMME: Vorsicht.

Schließlich erscheint ein Sanitäter, der sich mit dem Hintern den Weg bahnt, wiederum mit der Bahre. Darauf liegt, völlig unbeweglich, Lenin. Die Sanitäter – Sorka und Rukawischnikow, flankiert von Pakaln – führen die Bahre an den Wachhabenden vorbei, die den Korridor entlang postiert sind. Der Bahre folgen die von Kummer gezeichneten Frauen, Nadjeschda Krupskaja und Marija Uljanowa, und die Ärzte.

ULJANOWA *(beharrlich, halb flüsternd)*: Und trotzdem werde ich in Wolodjas Auto mitfahren, Nadja.

KRUPSKAJA: Warum denn, Manja, wir hatten uns ja doch geeinigt...

ULJANOWA: So ist's besser, Nadja. Besser für Wolodja.
Die Uljanowa beschleunigt demonstrativ ihre Schritte.
Lenin wird am Empfangsraum und dem Sitzungssaal des Sowjets der Volkskommissare vorbeigerollt, schließlich auch an der Tür seines Büros. Wo die Prozession schon vorbeigezogen ist, werden vorsichtig die Türen geöffnet. Bucharin lugt aus seinem Kabinett in den Korridor, folgt der entschwindenden Bahre mit den Augen, tastet mit seinen Blicken den sich allmählich mit Menschen füllenden Korridor ab und zieht sich wieder hinter seine Tür zurück.

Bucharins Büro. Bucharin geht zum Telefon und wählt eine Nummer. Er ruft bei Sinowjew in der Wohnung an.
BUCHARIN: Hallo, Grigori!? Hier ist Nikolaj. Jetzt wird er gerade hinausgetragen. Das Auto steht direkt unter meinem Fenster. Kommst du? Hallo! Hallo! Ich hör nichts! Verdammt!
In Sinowjews Wohnung.
SINOWJEW: Hallo! Nikolaj! Wo bist du, zum Teufel! Ah, ich höre! Ich komme gleich, gleich. Hast du schon Kamenjew Bescheid gesagt? Und Iossif?...Na gut, ich komme, ich komme.

Die Bahre wird in den Lift geschoben, am Kopfende nimmt der Sanitäter Kasimir Sorka Aufstellung, am Fußende, neben der Aufzugstür, Pakaln. Die Wache schließt die Tür. Der Lift gleitet langsam abwärts...
 Zwischen den Etagen zittert die Kabine leicht. Der Arm des Kranken rutscht von der Bahre. Sorka schiebt ihn vorsichtig zurück, neigt sich über den Liegenden, wirft einen Blick auf Pakaln und drückt – nachdem er sich überzeugt hat, daß Pakaln ihm immer noch den Rücken zuwendet – verstohlen einen Kuß auf die Hand des Führers.
 Im Hof des Kremlpalastes steht ein Wagenkorso. An den Türen der Treppenhäuser sind Wachposten aufgestellt. Hinter

den Fenstern drängen sich die Bewohner des Kremlstädtchens, denn schon seit fast einem halben Jahr haben sie Lenin nicht mehr zu Gesicht bekommen.

An einem der Fenster – Bucharin und Sinowjew. Daneben, am Nachbarfenster – Kamenjew. Leicht schiebt er die Vorhänge zur Seite, um Lenins Erscheinen nicht zu versäumen.

BUCHARIN: Erinnerst du dich? In der letzten Zeit sprach der Alte immer wieder von ein und demselben Vorfall. Als er in der Verbannung war, hat er sich mit irgendeinem Kerl unterhalten. Na, so über dieses und jenes... Und plötzlich sagt ihm der Typ: «Iljitsch, eines Tages wird dich der Schlag treffen.» – «Warum denn das, Väterchen?» – «Weil dein Hals so kurz ist...» Natürlich hat Iljitsch gelacht... und das Ganze vergessen. Aber letztes Jahr, als er den ersten Schlaganfall erlitt, da hat er sich an diesen Kerl erinnert...

SINOWJEW: Guckt mal, ich glaub, jetzt tragen sie ihn raus!

Aus der Tiefe des Zimmers tritt Stalin in Bucharins und Sinowjews «Loge». Er schaut hinunter.

Aus dem Fenster kann man beobachten, wie die Wache einen Rollstuhl hinausschiebt und ihn in einen Kleinlastwagen lädt.

BUCHARIN: Interessant, wo jetzt wohl Ljew Dawidowitsch steckt?

SINOWJEW: Wie immer in stolzer Einsamkeit. Er schwebt über unseren Häuptern.

Bucharin lehnt sich über die Fensterbank und versucht, in ein Fenster der darüber gelegenen Etage zu blicken. Stalin hält Bucharin am Gürtel zurück.

STALIN: Wohin so eilig, Nikolaj? Willst dich wohl neben den Alten legen?

BUCHARIN (*rutscht vom Fensterbrett zurück*): Schade, nichts zu sehen. Und dabei wär das doch ein hübsches Bild: Genosse Trotzki begleitet Lenin nach Gorki.

Da alle mit der Rettung Bucharins beschäftigt sind, verpassen sie

fast das Erscheinen Lenins, der über den Hof zu seinem Automobil getragen wird.
STALIN: Da kommt die Bahre.
Stalin hat inzwischen das ganze Fenster in Beschlag genommen. Nachdem sie sich vergeblich bemüht haben, neben Stalin noch ein Plätzchen zu erobern, haben sich Bucharin und Sinowjew an Kamenjews Fenster gestellt.
Kamenjew schüttelt den Kopf. Sinowjew runzelt die Stirn – der Anblick des Schwerkranken ist nicht nach seinem Geschmack. Bucharin späht mit langgerecktem Hals über die Schultern der «älteren Genossen». Stalin birgt das Gesicht in der Hand. Er ist schockiert von Lenins Aussehen, obgleich er sich innerlich auf diesen Anblick vorbereitet hatte.

Auf der Bahre liegt nur noch ein Schatten des einstigen Lenin – eingefallene Wangen, ein chinesengelber Teint, das Gesicht durch eine rechtsseitige Lähmung verzerrt. Seine Augen, früher gewöhnlich zusammengekniffen, sind weit aufgerissen. Der Blick ist starr. Der Kranke reagiert vollkommen gleichgültig auf alles, was vorgeht.

Am Fenster über Bucharins Büro steht ein erstarrter Trotzki. Dicht hinter ihm sein Stellvertreter im Revolutionären Kriegssowjet, Skljanski. Was dort unten passiert, macht Trotzki fassungslos. Er ist es gewohnt, alles in den Kategorien der Historie und der Weltrevolution zu bewerten. Wo ist in dieser Sicht Raum für Krankheit und Tod eines Menschen?
TROTZKI *(läßt den Kopf sinken)*: Warum er? Warum jetzt? Ich verstehe das nicht...
Lenins Wagen verläßt langsam den Kremlhof, begleitet von einer ganzen Mannschaft – vier Automobile mit den Wachposten, den Ärzten und den Dienstboten. Der Aufzug entfernt sich ohne Eile in Richtung Troizki-Tor. Ihm folgt der Kleinlastwagen mit dem Rollstuhl.
Lenin wird in einer großen geschlossenen Limousine transpor-

tiert. Er liegt über einen Vorder- und einen Hintersitz lang ausgestreckt im Auto, von allen Seiten mit Kissen abgestützt. Seine Augen sind geschlossen. Ihm zu Füßen der Sanitäter Rukawischnikow. Auf dem Rücksitz Doktor Getier und der Chirurg Rosanow. Neben dem Chauffeur die Uljanowa und eine Krankenschwester.

Die Uljanowa dreht sich um und fragt mit einem Blick nach hinten: Wie steht's?

GETIER *(flüsternd)*: Er schläft, alles in Ordnung.

Gorki. Das Zimmer der wachhabenden Sanitäter im Herrenhaus. Auf einer Liege, unter einer Wolldecke, schläft der Sanitäter Rukawischnikow. Sorka sitzt im Sessel am Tisch. Er schaut sich nach dem Schlafenden um, holt aus der Tasche ein Büchlein mit der Aufschrift «Kalenderbuch für das Jahr 1923», knetet den Einband durch, legt es auf den Tisch. Nimmt einen dünnen Tintenstift, feuchtet ihn mit Speichel an und macht seine routinemäßige Eintragung auf dem Frontblatt:

SORKA *(brummelt)*: Kein einziger... ehrlicher Mensch... wird es wagen... diese Aufzeichnungen... ohne meine Einwilligung... zu lesen...

RUKAWISCHNIKOW: Kuckuck! Ich bin wach, ich kann die Schicht jetzt übernehmen.

SORKA: Schlaf ruhig weiter. Ich fahr heute nicht nach Moskau. Kannst mich später ablösen.

Rukawischnikow zieht sich erneut die Decke über den Kopf. Sorka kritzelt weiter.

SORKA: Sechzehnter Mai... Dreiundfünfzigster... Tag... meiner Anwesenheit neben... Wladimir Iljitsch... Seit dem gestrigen Tage... sind wir in Gorki...

Sorka vernimmt irgend jemandes vorsichtige Schritte, deckt das Büchlein schnell zu und wendet sich unwirsch zur Tür. Eine Krankenschwester tritt ein. Sie ist etwa fünfundzwanzig bis drei-

ßig Jahre alt. Ihr weißer Kittel ist nach der Mode der damaligen Zeit lang, um die Brust herum eng geschnitten und erweitert sich glockenartig zum Saum hin. Die Brust zeichnet sich deutlich ab.
KRANKENSCHWESTER: Ist er schon aufgewacht? Marija Iljinitschna fragt danach.
SORKA: Er schläft noch...
Die Krankenschwester geht zur Tür, die den Wachraum mit Lenins Zimmer verbindet, öffnet sie sachte und späht hinein.
KRANKENSCHWESTER: Er wälzt sich unruhig herum.

Lenins Zimmer. Der Hausherr im Bett. Seine Augen sind geöffnet. Hinter dem Paravent kommt die Krankenschwester mit einer Porzellanschüssel hervor.
SCHWESTER: Guten Morgen, Wladimir Iljitsch. Wie haben Sie geschlafen? Hat Sie nichts gestört? Jetzt werden wir uns waschen.
Die Schwester gießt Wasser in die Schüssel, krempelt ihren rechten Ärmel hoch, entblößt den Arm bis zum Ellenbogen und prüft mit dem Ellenbogen das Wasser. Taucht den Schwamm ein und drückt ihn aus. Auf dem Grunde der Schüssel wird eine Widmung sichtbar: «Dem Führer des Weltproletariats» – und dann mit kleineren Buchstaben – «Von den Arbeitern der Porzellanmanufaktur Duljowo». Die Schwester wäscht Lenins Gesicht und Arme mit dem Schwamm und murmelt dabei: «So, so...» Der nasse Schwamm ist dem Kranken nicht sehr angenehm. Er unternimmt schwache Versuche, sich abzuwenden, sich unter der roten Bettdecke zu verstecken.
KRANKENSCHWESTER *(indem sie die Decke zurückhält)*: Gleich, gleich...
Nimmt ein Handtuch, trocknet ihm das Gesicht ab und wischt dabei mit einer charakteristischen Bewegung über die Nase. Lächelt zärtlich. Lenin versteckt sich unter der Decke.

Das Eßzimmer in Gorki. Auf dem Tisch das Tablett mit dem Frühstück für den Kranken: drei braune Eier, ein Glas Milch in einem Halter mit Henkel. Brot mit Butter.
Die Uljanowa schält die Eier, die Haushälterin der Uljanows, Jewdokija Smirnowa, zerbröckelt sie auf eine Untertasse. Professor Rosanow schüttet aus einem Papiertütchen ein Medikament in die Milch. Doktor Getier blättert lustlos eine Zeitung durch.
ULJANOWA: Wird es auch keinen bitteren Beigeschmack geben, Wladimir Nikolajewitsch?
ROSANOW: Völlig geruch- und geschmacklos. *(Feuchtet seinen Finger an und taucht ihn in den Rest des Pulvers, probiert.)* Er wird nichts merken.

Lenins Zimmer. Er sitzt in seinem Bett. Neben ihm auf dem Bettrand die Uljanowa. Sie nimmt mit einem Löffel das zerkleinerte Ei auf und führt die Speise an den Mund des Kranken.
ULJANOWA: Iß nur, Wolodja. Das sind frische Eierchen. Von unserem Hühnerhof. Hinterher werden wir feine Milch trinken. Mandelmilch, die du doch so gern hast.
LENIN *(leise)*: A... A...
Die Uljanowa sieht sich mit einem Lächeln zu der ihr assistierenden Krankenschwester um. Die antwortet ihrerseits mit einem verständnisvollen Lächeln.
ULJANOWA *(während sie mit dem Füttern fortfährt)*: So, jetzt mußt du etwas hinterhertrinken, Wolodja.
Sie führt das Glas an den Mund des Kranken, der schiebt es zurück. Die Uljanowa stellt das Glas zurück aufs Tablett und greift erneut zu dem Löffel.
ULJANOWA: Heute, Wolodja, haben wir wie verrückt meinen Kater gesucht. Und dann stellte sich heraus, daß ihn dieser Setter auf einen Baum gejagt hatte, Ajda... Kannst du dich erinnern, letztes Jahr hast du mit ihm gespielt – ich glaub, der Hund gehört unserem Chauffeur, dem Rjabow...

Der Bericht scheint Lenin nicht über die Maßen zu fesseln. Er reckt sich nach dem Glas mit Milch. Er fuchtelt mit der Hand, macht einen weiteren Versuch und stößt das Glas um. Schaut auf die Anwesenden.
LENIN: A-la. A-la.
Die Uljanowa und die Krankenschwester wechseln Blicke.

Das Eßzimmer. Hier langweilen sich Rosanow und Getier immer noch.
ROSANOW: Na, Fjodor Alexandrowitsch, morgen können wir uns wieder auf ein Parteikonsilium gefaßt machen. Wieder werden sie uns peinlich ausfragen, was und wie, ja und wann wir ihn wieder auf die Beine bringen?
GETIER: Das Gehirn ist ein zartes Gebilde. Die Gefäße sind noch zarter. Und was die Natur betrifft, so herrscht in ihr auch keine völlige Klarheit...
ROSANOW: Na, Bechterew hat ihn sich neulich angeguckt. Er ist sich so gut wie sicher, daß es sich um eine Krankheit von ganz besonderer Art handelt.
GETIER: Ach, Wladimir Nikolajewitsch, wenn es nur so was Besonderes wäre, dann hätten wir's doch im Handumdrehen geheilt... Aber so – – weiß Gott, was zu tun ist! Und natürlich wird es auch Herr Professor Foerster wissen. Ist er denn immer noch nicht da? Da sitzen wir hier nun wie die Blöden herum und warten! Er ist es doch, der reden wird, und wir werden ihm wieder zuhören.
Rosanow zerrt seine Uhr aus der Westentasche.
ROSANOW: Er muß bald eintreffen.
GETIER: Haben Sie schon davon gehört, mein Täubchen, was für Bezüge ihm unsere Kommissare zubilligen? Zwanzigtausend Dollar pro Visite. Dafür könnte man ja jedesmal ein ganzes Krankenhaus bauen!... Und warum übrigens haben die eigentlich nicht Bechterew hinzugezogen?

ROSANOW: Na, warum wohl, ein Zarendiener im Generalsrang, Leibarzt Seiner kaiserlichen Hoheit. Ein unerwünschtes Zusammentreffen von Funktionen.
GETIER: Wer meint das denn?
ROSANOW: Na, zumindest Frau Uljanowa, Marija Iljinitschna.
GETIER: Halten Sie's, wie Sie wollen, Wladimir Nikolajewitsch, aber ich denke nicht daran, auf den Deutschen zu warten... Dazu bin ich zu alt.
Rukawischnikow späht in den Wintergarten.
RUKAWISCHNIKOW: Er kommt!
Rosanow steht auf. Getier atmet tief durch und folgt Rosanows Beispiel. Im Türrahmen erscheint Foerster, umgeben von diversen Menschen in weißen Kitteln. Hinter ihnen – als Ehrenwache – Pakaln.
FOERSTER: Guten Tag, verehrte Kollegen. Ist der Herr Präsident auf seinem Zimmer?
ROSANOW: Guten Tag, Herr Foerster. Bitte kommen Sie herein.

Lenins Zimmer. Er sitzt in einem großen Sessel, in langen Unterhosen und einem langen Unterhemd. Ihm gegenüber auf einem Stuhl Foerster. Die Ehrengarde für den deutschen Professor bilden die übrigen Ärzte, Sanitäter und Verwandte.
  Foerster streichelt Lenin übers Knie. Aufmerksam, als wolle er ihn hypnotisieren, schaut er dem Kranken in die Augen. Lange sagt er gar nichts. Auch alle ringsum schweigen. Lenin blickt Foerster erwartungsvoll an.
FOERSTER *(zu sich selbst)*: Versuchen wir's mal mit dem Arm.
ROSANOW: Was, Herr Professor, der Arm?
FOERSTER *(laut)*: Versuchen wir's mit dem Arm!
Lenin sieht Foerster fragend an. Foerster beginnt den Unterarm und die Hand des Kranken zu massieren.
FOERSTER: Eins... zwei... drei.
Die von der Paralyse verkrümmten Finger strecken sich. Foerster

gibt Lenin ein kleines Glas mit Wasser in die geöffnete Hand und schließt die Finger der kranken Hand darum. Nachdem er sich davon überzeugt hat, daß die Finger das Glas festhalten, faßt Foerster Lenin am Ellenbogen an und führt das Glas langsam an dessen Lippen.

FOERSTER: Hopp! *(Noch einmal wiederholt er den gelungenen Versuch.)* Hopp!

LENIN *(lächelt)*: A-la! A-la!

Die Krupskaja scheint peinlich berührt.

ULJANOWA: Nadja! Na, nun lächle doch!

FOERSTER: Lassen wir ihn aufstehen!

Lenin guckt sich Foerster interessiert an.

ROSANOW: Auf, Wladimir Iljitsch! Auf die Beinchen – die Beinchen!

Sie greifen Lenin unter die Arme und stellen ihn auf die Füße.

Anfangs hängt Lenin nahezu über der Schulter des Sanitäters, dann streckt er das linke Bein und neigt seinen Rumpf leicht nach vorn. Rosanow neigt sich über das rechte Bein und tastet es ab.

ROSANOW: Der Fuß tritt gut und gleichmäßig auf, aber ein Spezialschühchen werden wir anfertigen lassen müssen.

Foerster geht um den Kranken herum und stellt sich ihm gegenüber neben den Sessel.

FOERSTER: Herr Kollege, versuchen Sie seinen kranken Fuß nach vorne zu schieben.

Rosanow tut, was Foerster sagt, und stellt den Fuß nach vorn.

Foerster streckt die Arme aus und lockt Lenin wie ein kleines Kind zu sich. Lenin zieht mechanisch das gesunde Bein nach und schaut auf das gelähmte – funktioniert es etwa wieder? Rosanow stellt noch einmal das kranke Bein ein Stückchen weiter – erneut zieht Lenin das gesunde nach. Und noch einmal.

FOERSTER *(mit zustimmendem Lächeln)*: Herr Präsident, ich habe Ihnen doch gesagt...

LENIN: Lauf – lauf...

ULJANOWA: Wolodja, fürs erste reicht's, nachher können wir wieder ein bißchen laufen...
LENIN: Lauf-lauf, lauf-lauf, lauf-lauf...

In Lenins Zimmer wird ein großer Polstersessel geschoben, dem man Räder untergeschraubt hat. Rukawischnikow führt ihn voller Stolz dem Kranken vor.

RUKAWISCHNIKOW: Die Kutsche ist vorgefahren. Ich bitte einzusteigen. Alle übrigen bitte ich, den Waggon zu verlassen.

Pakaln und Rukawischnikow setzen Lenin in den Sessel. Rukawischnikow hebt die Hand an den Mund und trompetet das Abfahrtssignal: «Tu-tu-tu-tu-tu-ding-ding.» Lenin sieht den Sanitäter aufmerksam an – wohin der ihn wohl fahren wird? Sorka und die Krankenschwester stoßen die Flügel einer sonst verschlossenen Tür weit auf. Der Sessel fährt in das Zimmer der diensthabenden Sanitäter. Lenin schaut sich um. Sowohl das Zimmer als auch die Gegenstände, mit denen es angefüllt ist, kommen ihm anfangs unbekannt vor. Über ihm hängen Kristallüster, auf den Deckenmalereien tanzen die Sonnenstrahlen. An den Wänden Spiegel, Bilder in schweren, goldenen Rahmen. Hinter der großen Glastür, die auf den Balkon führt, die Landschaft von Gorki.

Lenin sieht sich um. Hinter seinem Rücken bekannte Gesichter: Foerster, Rosanow, Getier, Uljanowa, Krupskaja.
LENIN: Fahr-fahr!
Die Uljanowa holt den Sessel ein.
ULJANOWA: Das dort ist mein Zimmer, Wolodja, erinnerst du dich?
Lenin schaut die Uljanowa unsicher an.
LENIN: Fahr-fahr!
Der Rollstuhl biegt in das Zimmer der Uljanowa ein, das Boudoir der ehemaligen Besitzerin des Gutes. Fast nichts hat sich hier nach dem Einzug der neuen Herrin geändert. Nur eine Un-

derwood hat sich, irgendwie deplaziert, auf dem Toilettentischchen breitgemacht, und an die Wand ist ein Agitprop-Plakat geheftet worden – Lenin auf einer Tribüne, darunter die Textzeile: «Ein Gespenst geht um in Europa, das Gespenst des Kommunismus.»
Lenins Blick bleibt an dem Plakat hängen – er erkennt sich selbst darauf nicht, versteht nicht, was dieses Plakat hier soll.
Von der Seite her schaut Pakaln Lenin ins Gesicht.
PAKALN *(laut)*: Gucken Sie nur mal, Wladimir Iljitsch, wie es hier aussieht. Fast alle Möbel haben wir wieder aufgespürt. Und wo waren sie? Die benachbarten Kommunarden, diese Schlawiner, hatten sie in ihre diversen Häuser geschleppt.
Die Uljanowa, die Lenin bereits unruhig angesehen hat, wirft Pakaln einen mißbilligenden Blick zu – wie kann der sich nur so über Kommunarden äußern?
PAKALN *(der den Blick der Uljanowa auf seine Weise auslegt)*: Alles wird zurückerstattet, Marija Iljinitschna, beruhigen Sie sich. Sowohl die Püffchen – drei Stück – als auch die Chiffonniere. Ich werd sie finden.
LENIN *(ungeduldig)*: Fahr-fahr!
PAKALN: Nächste Haltestelle!
Auf dem Absatz, dort wo die Treppe in halber Höhe eine Kehre macht, steht die Uljanowa. Sie überwacht das Manöver, Lenin in seinem Sessel ins Erdgeschoß zu transportieren.
ULJANOWA: Vorsicht, klemmt ihm nicht die Hände ein!
Der Rollstuhl mit dem darin thronenden Lenin schaukelt die Treppe hinunter. Pakaln und Rukawischnikow halten ihn im Gleichgewicht. Die Hände finden nicht so recht Halt an dem Möbelstück. Rukawischnikow drückt die Last offensichtlich sehr. Pakaln tut sich leichter. Auf dem Treppenabsatz stellen sie den Rollstuhl ab, um zu verschnaufen.
LENIN: Fahr-fahr!
Sie heben den Sessel wieder an.

Auf dem oberen Treppenabsatz bleibt Getier zurück. Als der Sessel aus seinem Blickfeld verschwunden ist, klopft er ein paarmal mit der Faust gegen das Geländer, kehrt dann durch das Eßzimmer in den «Wachraum» zurück. Er sieht sich im Zimmer um. Neben dem Kamin, der von einem Schirm aus farbigem Glas verstellt wird, erhebt sich auf einem geschnitzten Holzsockel ein marmorner Amor, in dessen halbgeöffneten Mund irgend jemand einen Zigarettenstummel gesteckt hat. Getier nähert sich der kleinen Statue, entdeckt die Zigarette, seufzt, entfernt die Kippe und wirft sie in den Kamin. Dann tritt er auf den Balkon hinaus, wo schon Professor Rosanow steht. Eine Weile blicken beide schweigend in den Hof hinunter, wo Lenin auf der Bildfläche erscheint, den man für eine Spazierfahrt in den großen Rollstuhl mit geflochtener Korblehne umgebettet hat.

GETIER: Ich bin nämlich früher einige Male hier gewesen, noch zu Zeiten der alten Hausherren. Damals hat der Brunnen noch funktioniert, im Jahre neunzehnhundertzwölf müßte das gewesen sein...

Eine Laube im Park. Lenin in seinem Rollstuhlsessel. Auf einem Bänkchen Rukawischnikow.

Das Klopfen eines Spechtes. Lenin sucht ihn mit den Augen. Einige Male wiederholt er: «Da-da, da-da...»
RUKAWISCHNIKOW: Was, Wladimir Iljitsch? Der Specht? ...Tak-tak?
LENIN: Da-da...
Sie lauschen dem Specht. Der Specht verstummt. Rukawischnikow klopft mit dem Knöchel gegen Holz, um den Vogel anzulocken. Der Specht antwortet nicht. Rukawischnikow beginnt zu pfeifen, eine bestimmte, identifizierbare Melodie... Strauß... Er schwingt im Takt dazu seine Arme. Hält ein. Setzt sich.

Lenin hat aufmerksam *(mit der Hand am Ohr)* dem Pfeifen Rukawischnikows zugehört, nun macht er eine Trompetenschnute

und versucht zu pfeifen, bis sich durch seinen rasselnden Atem hindurch tatsächlich ein Pfiff vernehmen läßt. Rukawischnikow erstarrt, dann macht er es ein paarmal vor: so muß man's machen! Lenin schmatzt ein paarmal mit den Lippen und beginnt die «Internationale» zu pfeifen. Trotz aller Begleitgeräusche ist die Melodie erkennbar. Rukawischnikow greift sie auf. Dann bricht er mittendrin ab. Lenin verstummt ebenfalls. Aufmerksam blicken sie einander an, lächeln.

RUKAWISCHNIKOW *(ruft)*: Nadjeschda Konstantinowna!

Aus dem Wald erscheint Pakaln.

PAKALN: Was ist los?

RUKAWISCHNIKOW: Eigentlich nichts, alles in Ordnung.

Die Krupskaja kommt angewatschelt, ein gelbes Blumensträußchen in den Händen.

KRUPSKAJA: Was ist passiert, Wladimir Alexandrowitsch?

RUKAWISCHNIKOW: Gleich.

Wendet den Kopf Lenin zu, pfeift vor. Der sieht ihn an, lächelt, unternimmt aber keinen Versuch, das «Duett» zu wiederholen.

ULJANOWA *(winkt ihnen vom Weg her mit der Hand)*: Nadja! Für Wladimir Iljitsch ist es Zeit zum Essen. Du hast doch eine Uhr dabei!

RUKAWISCHNIKOW *(zu Pakaln)*: Wir sollen den Rollstuhl wegfahren.

Fahren den Rollstuhl fort. Entfernen sich. Man vernimmt noch Rukawischnikows Pfeifen, der Krupskaja und Uljanowa von dem Vorgefallenen erzählt. Rukawischnikow wendet sich noch ein- oder zweimal um und zeigt dabei auf die Laube.

Von der Laube her ist der Ruf eines «Pirols» zu vernehmen. Nachdem die Prozession vorbeigezogen ist, tritt ein Wachmann aus der Laube und antwortet flötend auf den Schrei des «Pirols».

Der Abend desselben Tages. Die Eingangshalle des Herrenhauses. Professor Rosanow nähert sich dem Telefon, nimmt den Hörer ab, blickt sich um. Er ist allein, niemand ist zu sehen.
ROSANOW: Hallo! Bitte null-null-drei. *(Wartet.)*
DIE STIMME STALINS: Sprechen Sie!
ROSANOW: Hallo! Genosse Stalin? Hier ist Professor Rosanow. Entschuldigen Sie, daß ich Sie so spät noch störe. Sie hatten darum gebeten zu melden, falls in Gorki irgend etwas Außergewöhnliches vorgehen sollte.
DIE STIMME STALINS: Und was ist passiert? Ist Wladimir Iljitsch am Leben?
ROSANOW: Ja, ja, er schläft.
STIMME STALINS: Na, was ist denn dann passiert?
ROSANOW: Der Sanitäter Rukawischnikow hat im Garten Strauß gepfiffen, und Wladimir Iljitsch hat danach die «Internationale» gepfiffen, im Garten, verstehen Sie?
Stalins Büro im Kreml. Stalin mit dem Telefonhörer hinter dem Schreibtisch.
STALIN: So, ich verstehe. Sie wollen sagen, wenn er heute schon pfeift, dann könnte er vielleicht morgen zu sprechen anfangen?
DIE STIMME ROSANOWS: Iossif Wissarionowitsch, ich bin doch kein Logopäde. Ich bin Chirurg, und Foerster war natürlich gerade heute nicht in Gorki.
STALIN: Alles klar. Das heißt, er hat also gepfiffen... Danke für die gute Nachricht. Wir werden Ihnen Spezialisten zur Verstärkung schicken. Der Psychiater Ossipow und der Arzt und Logopäde Dobrogajew werden zu Ihnen stoßen. Der Genosse Sinowjew empfiehlt sie ausdrücklich. Außerdem können Sie dann auch mal am Strand von Riga ausspannen. Nur überlegen Sie sich bitte vor Ihrer Abreise, wie diese Genossen im Rahmen unserer Arbeit am zweckmäßigsten einzusetzen sind.
STIMME ROSANOWS: Iossif Wissarionowitsch, was ich noch sagen wollte...

STALIN: Professor! Sie sind doch morgen im Kreml? Dort können wir uns ausführlich unterhalten. Gute Nacht.
Stalin legt den Telefonhörer auf die Gabel. Lehnt sich im Sessel zurück. Beginnt zu pfeifen, verstummt aber sofort wieder. Dann fängt er erneut zu pfeifen an. Langsam wird eine Melodie erkennbar. Stalin pfeift ein Potpourri aus Strauß und Eugène Poitiers.

Auf dem Balkon. Lenin im Sessel. Gekleidet in einen Morgenrock, unter dem lange Unterhosen hervorblitzen. Vor ihm sitzt der Arzt und Logopäde Dobrogajew. Er ist etwa fünfzig Jahre alt, spricht langsam und artikuliert dabei deutlich. Etwas weiter entfernt sein Petrograder Kollege Ossipow, die Uljanowa, Sorka. Die Krupskaja sitzt in einem Sessel hinter Lenin.
DOBROGAJEW: Ka- Ko- Ku! Ka! – Wladimir Iljitsch!
LENIN *(begleitet den Laut leise mit einem Kopfnicken)*: Ka...
DOBROGAJEW: Ko!
LENIN *(nickend)*: Ko...
DOBROGAJEW: Ausgezeichnet. Ku!
LENIN *(hascht angestrengt nach dem Laut, der ihm nicht gelingen will)*: Ki... *(Winkt – verärgert über seinen Fehler – ab.)*
DOBROGAJEW: Nein, nein, Wladimir Iljitsch! Die Lippen müssen ein Röhrchen bilden... Ku!
Lenin mümmelt vor sich hin. Die Krupskaja beugt sich vor, reckt ihren Hals, spitzt die Lippen.
DOBROGAJEW: Nadjeschda Konstantinowna, könnten Sie sich nicht mit dem Gesicht Lenin gegenüber setzen und «Ku» sagen?
Während Sorka Krupskajas Sessel umstellt, tritt Dobrogajew zu Ossipow und sagt irgend etwas zu ihm. Ossipow nickt gemessen mit dem Kopf.
Die Krupskaja setzt sich Lenin gegenüber, spitzt ihre Lippen und spricht die Silbe aus.
Lenin konzentriert sich innerlich. Sorka verläßt seinen Stand-

ort und spitzt ebenfalls die Lippen. Lenin sieht zur Krupskaja hinüber, holt tief Luft und artikuliert endlich das langerwartete «Ku». Sorka kehrt erleichtert auf seinen Platz zurück.

DOBROGAJEW: Sehr gut, Wladimir Iljitsch! Jetzt werden wir uns mit Worten beschäftigen.

Dobrogajew öffnet seine Arzttasche. Holt daraus ein Entchen aus Pappmaché, ein Messer, ein Spielzeughäuschen, eine Tasse, eine Kuh und einen Hasen hervor.

DOBROGAJEW *(indem er nach einer Zitrone langt)*: Ach da... Das ist eine Zitrone! Eine gelbe! Fast runde, mit dicker Haut! Die schneidet man in kleine Stücke und tut sie des Aromas wegen in den Tee! Heute morgen haben Sie Tee mit aromatischer Zitrone getrunken. *(Zerschneidet die Zitrone in Hälften und bietet eine davon dem Patienten an.)* Riechen Sie, Wladimir Iljitsch, lecken Sie!

Lenin schluckt reflektorisch seinen Speichel hinunter, weist aber die Zitrone zurück. Dobrogajew schneidet ein Stückchen ab, zerkaut es und runzelt die Stirn. Dann fügt er beide Hälften der Zitrone wieder zusammen.

DOBROGAJEW: Was ist das? Zi-tro-ne?
LENIN *(leise, deutlich)*: Zi-tro-ne...

Die Tür des Balkons, auf dem der Unterricht stattfindet, führt ins Zimmer der Sanitäter. Hier, am Tisch, unterzieht Rukawischnikow Dobrogajews Arsenal einer akribischen Begutachtung: den kleinen Dampfer, die Spielzeugmühle, das Rotgardisten-Püppchen. Neben ihm sitzt Pakaln mit einem zweiläufigen Jagdgewehr. Durch die Balkontür und das Fenster sieht man den angeregt gestikulierenden Dobrogajew.

PAKALN: Nun sag mal, Wolodja! Du hast doch Medizin studiert. Warum hat er das ganze Spielzeug hierher geschleppt?

RUKAWISCHNIKOW: Hier geht's um Wissenschaft und nicht um Spielsachen, Pjotr Petrowitsch! Dobrogajew ist ein Schüler von

Pawlow. Hat man euch die Lehre von den Reflexen schon mal erklärt?

PAKALN: Ach, das mit den Hunden.

RUKAWISCHNIKOW: Na, mit Hunden auch. Aber nimm mal zum Beispiel den Menschen. Da hat er ein Wort vergessen. Nicht? Und dann sieht er plötzlich ein Bildchen, oder besser noch ein Spielzeug, guckt sich's von allen Seiten an, befühlt's und – erinnert sich. Ob nun ein Spielzeug oder ein Bildchen – das ist so eine Art Eselsbrücke, um das Wort wieder aus dem Gedächtnis zu kramen. Ich gebe dir das Bildchen – du mir das Wort.

Pakaln hört zerstreut zu, er ist von der Mühle fasziniert, bläst leicht – die Flügel drehen sich.

PAKALN *(als fiele es ihm gerade ein)*: Put, vejini.

RUKAWISCHNIKOW: Was, was, Pjotr Petrowitsch?

PAKALN: So heißt das auf lettisch.*

DOBROGAJEW: Jetzt, Wladimir Iljitsch, gehen wir auf die Jagd.

Legt Lenin ein Entchen in den Schoß, aus Pappmaché, aber mit echten Federn.

DOBROGAJEW: Hier haben wir eine Ente, Wladimir Iljitsch. En-te!

LENIN: En-ne.

DOBROGAJEW: Gut.

Dobrogajew nimmt das nächste Bildchen vom Tisch: ein Jäger mit Gewehr und Hund, er zeigt es Lenin.

DOBROGAJEW: Ge-wehr! Ge-wehr! Ge-wehr! Mit Gewehr und Hund geht der Jäger auf die Jagd. Mit dem Gewehr schießt man. Auf Enten und auf Hasen.

LENIN *(lächelnd)*: Paff!

Dobrogajew, beflügelt von den Lernerfolgen seines Schülers, ver-

---

* Put, vejini («Wehe, Wind...») lautet die Anfangszeile eines alten lettischen Volksliedes.

zichtet auf weitere Erklärungen. Jetzt muß ein Verstärkungseffekt her. Zu ebendiesem Zweck hält er Pakaln in Reserve.

DOBROGAJEW *(öffnet die Tür zum Zimmer, leise)*: Pjotr Petrowitsch, seien Sie so gut!
Es erscheint der «Assistent». Nimmt das Gewehr von der Schulter.
DOBROGAJEW *(zeigt darauf)*: Ge-wehr!
Pakaln sucht mit dem Lauf nach einem Ziel und findet es. Lenin folgt ihm aufmerksam. Ein Schuß. Von den Bäumen um das Herrenhaus fliegt ein Schwarm verschreckter Vögel auf.

Mittag. Von einem Seitenflügel zum anderen huschen zwei Kinder, etwa sechs bis sieben Jahre alt.
Lenin liegt in einer Chaiselongue auf dem Balkon. Er döst mit geschlossenen Augen. Von ferne hört man den Kinderreim: «...Drei, vier, fünf. Ich mach mich auf die Strümpf. Wer hinter mir steht, im Feuer brät. Wer sich nicht versteckt, der verreckt.»
Auf den Balkon stürmt der Setter Ajda – Lenins Freund aus dem letzten Jahr. Der Hund stupst ihn mit der Nase an den kranken Arm. Keine Reaktion.
Von der Straße her hört man den Ruf: «Ajda! Ajda!» Der Hund wirft einen beleidigten Blick auf den Menschen im Sessel und läuft fort.
Wenige Augenblicke später öffnet Lenin die Augen und starrt auf seinen Arm. Sein Gesicht nimmt einen unruhigen Ausdruck an, er bemüht sich, irgend etwas zu artikulieren. Allmählich verstärkt sich seine Stimme zu einem Flüstern, einzelne Silben werden vernehmbar, wie er sie in seinem Unterricht gelernt hat.
LENIN *(vorwurfsvoll)*: Ka!...Ko!...Ku!...

Der Schrei
26. Juni 1923

Abend in Gorki. Es ist still und warm. Der Mond geht an dem noch hellen Himmel auf. Kurze Nachtigallentriller. Auf dem Balkon im ersten Stock sitzt Lenin im Rollstuhl. Er hat einen weißen Krankenhauskittel an und seine Mütze auf. Offensichtlich genießt er den Abend und die Ruhe. Vor ihm führt eine dunkle Allee in die Tiefe des Parks. Das Gewirr der Zweige bildet im Mondlicht geheimnisvolle Muster.
 Ein Tisch. Darauf die Überbleibsel der Teestunde, der Samowar, eine Petroleumlampe. Am Tisch Uljanowa, die Professoren Rosanow und Ossipow. Rukawischnikow sitzt auf dem Geländer. Die Krupskaja neben Lenin. Plötzlich lehnt Lenin sich nach vorn und sagt: «Ala-la.»
KURPSKAJA: Was ist, Wolodja, ein herrlicher Abend?
Lenin schweigt.
KRUPSKAJA: Noch Tee?
Lenin schweigt.
ROSANOW: Marja Iljinitschna, vielleicht würde es sich wirklich lohnen, noch ein Samowärchen auftragen zu lassen? *(Zu Ossipow:)* Wie stehn Sie dazu, Viktor Petrowitsch?
OSSIPOW: Warum nicht?
Lenin wirft sich zurück, hebt die Hand, als wolle er etwas abwehren. Lehnt sich dann schroff vor und beginnt laut: «Ala-la, ala-la...»
Alle drehen sich erschrocken nach ihm um.
ULJANOWA: Wolodja, was ist los?
ROSANOW: Fühlen Sie sich nicht wohl? Tut's irgendwo weh?
Das Schreien wird lauter. Alle stehen auf.
ULJANOWA *(während sie vom Balkon schaut, zum Sanitäter)*: Schieben Sie den Rollstuhl ins Haus!

Rukawischnikow stürzt zu dem fahrbaren Sessel und will ihn rückwärts ins Haus ziehen. Der Schrei wird lauter. Rukawischnikow hält ein. Das Schreien wird schwächer und geht ins Rezitativ über: «Ala-la, ala-la...»
OSSIPOW: Wasser!
ROSANOW *(zu Rukawischnikow)*: Holen Sie schnell Foerster!
Ossipow versucht, Lenin einen Schluck Wasser einzuflößen.
OSSIPOW: Trinken Sie, Wladimir Iljitsch!
Lenin stößt die Tasse mit der Hand zurück, das Wasser schwappt über.
Das Schreien hält an. Alle stehen wie erstarrt.
Auf der Treppe stößt der Sanitäter auf Pakaln, der einen Revolver in der Hand hält.
PAKALN: Was ist los?
RUKAWISCHNIKOW: Wladimir Iljitsch fühlt sich nicht wohl. Holen Sie schnell den Deutschen!
Sie lassen sich einer nach dem anderen das Geländer hinabgleiten. Pakaln schiebt im Laufen den Revolver wieder in die Tasche.
Sie rennen aus dem Haus und hasten durch den dunklen Park auf Foersters Seitengebäude zu. Pakaln sieht sich einige Male um.
Foerster empfängt sie bereits angezogen und bindet sich gerade seine Krawatte.
PAKALN: Herr Professor, Lenin ist krank, bitte!
Alle drei eilen zum Haupthaus. Pakaln voran. Foerster als letzter. Lenins Schrei hallt über das ganze Gutsgelände hinweg. Über den Hof läuft der Setter Ajda, im Dorf bellen die Hunde. Am Wachhäuschen und am Haus drängen sich die Posten und Dienstboten. Foerster und seine Begleiter steigen die Treppe hinauf. Auf dem Absatz stehen Leute.

Auf dem Balkon ist alles unverändert. Lenin, im Rollstuhl, stößt sein gellendes «Ala-la» aus. Keiner wagt, sich ihm zu nähern. Alle haben kapituliert und warten auf Foerster.

OSSIPOW *(zu Foerster)*: Anfall. Schon fast eine Stunde lang. Foerster nickt und geht auf Lenin zu.
FOERSTER: Beruhigen Sie sich, Herr Präsident!
Der Schrei wird lauter. Foerster tritt zurück und überlegt.
OSSIPOW: Vielleicht sollten wir ihn hinlegen?
FOERSTER: Ja, versuchen wir's.
Tritt hinter die Lehne des Sessels und versucht, Lenin vom Balkon zu ziehen. Als der Sessel neben den Tisch rollt, krallt Lenin sich an der Tischdecke fest. Eine Tasse kippt vom Tisch. Foerster stoppt den Rollstuhl. Der Sanitäter versucht, Lenin das Tischtuch zu entwinden. Lenin wehrt sich, versucht, den Sanitäter mit dem Kopf zu stoßen. Die berühmte Mütze fliegt zu Boden.
Irgend jemandes Stimme: Man muß das Geschirr abräumen!
Alle stürzen zum Tisch, eifrig bemüht, irgend etwas zur Bereinigung der Situation beizutragen. Sie räumen die Tassen und Teller ab und stapeln sie auf einem Sessel. Irgend jemand hält die Lampe. Foerster greift wieder nach dem Rollstuhl. Die Decke rutscht vom Tisch. Lenin versucht Foerster zu beißen. Foerster zieht seine Hand zurück, läßt den Sessel los und gesellt sich zu den Besiegten. Ossipow nimmt seinen Zwicker ab.
ROSANOW *(hält es nicht mehr aus)*: Wladimir Iljitsch! Es ist doch schon so spät, liebe Güte!
Lenin läßt das Tischtuch sinken (es bleibt auf seinen Knien liegen) und legt die Hand wie ein Sprachrohr an den Mund. Die Knöpfe an seinem Kittel sind aufgesprungen, das Unterhemd ist ihm herausgerutscht. Er ist in Schweiß gebadet, sein Gesicht purpurrot angelaufen.
Das Geschrei des Kranken wird vom Gebell und Gewinsel der Hunde im Dorf begleitet. Im rechten Seitenflügel verlöschen die Lichter.
Im Hof, unter dem Balkon, steht Nedobeschkin – ebenjener «Neue», der davon träumte, so bald wie möglich Lenin zu Gesicht zu bekommen. Ihm ist unheimlich zumute – wenn man sich

wenigstens die Ohren zustopfen könnte! Pakaln kommt die Treppe herunter. Auch er verzieht das Gesicht.

Die Treppenabsätze sind leer – die Neugierigen haben sich zerstreut. Pakaln geht über den Hof, vorbei an dem Wachposten.

NEDOBESCHKIN *(ihm hinterher)*: Genosse Kommandeur! *(Pakaln dreht sich um.)* Könnte man mich nicht ablösen? Ich... stehe schon fast zwei Stunden.

Pakaln geht schweigend weiter. Am Tor des Wachgebäudes empfängt ihn der Chef der Wache, Serdjukow. Er sucht Pakalns Blick.

PAKALN *(ohne den Blick zu erwidern)*: Lös die Wachen ab!

Pakaln tritt in sein Büro, setzt sich an den Tisch, öffnet ein Vitrinentürchen, entnimmt dem Fach, ohne hinzugucken, einen Flachmann, schraubt den Verschluß ab, kippt ein paar Schlucke, stellt die Flasche auf den Tisch.

Über den Hof geht der Wachhabende mit der Ablösung.

Pakaln verläßt sein Büro, geht in den Hof hinunter, passiert den neuen Wachhabenden, steigt nach oben. Die Szene dort hat sich kaum verändert. Lenin, nach wie vor mit dem «Schalltrichter» vor dem Mund, umringt von den anderen. Die einen haben sich an die Wand gelehnt, die anderen sitzen. Nur Foerster steht aufrecht da, wie ein Posten.

Die Uljanowa bemerkt Pakaln und schleicht sich an ihn heran.

ULJANOWA *(flüstert)*: Pjotr Petrowitsch!

Pakaln nickt, bahnt sich einen Weg zum Rollstuhl und zerrt ihn, ungeachtet des schluchzenden Lenin, ins Haus. Dem Rollstuhl schleift die vergessene Tischdecke hinterher. Irgend jemand tritt mit dem Fuß darauf...

Als letzte verläßt Marija Iljinitschna den Balkon, sie schließt Fenster und Türen.

Das Zimmer der wachhabenden Sanitäter. Lenin schreit immer noch. Foerster versucht, ihn wie ein Kind zu wiegen, indem er den Rollstuhl bald vor, bald zurück, bald nach links, bald nach

rechts schiebt. Ossipow und Rosanow verfolgen mitleidig Foersters vergebliches Bemühen. In der Ecke flüstert Marja Iljinitschna mit Pakaln.

ULJANOWA: Pjotr Petrowitsch, ich bitte Sie, daß bloß niemand von Ihnen... Es gibt so viel Gerede...
PAKALN: Ich werd schon aufpassen. Beruhigen Sie sich... Das schreckliche Geschrei hält an. In einer besonders gellenden Tonlage. Rosanow explodiert.
ROSANOW: Wladimir Iljitsch! Hören Sie zu schreien auf! Still! Im Hause schlafen schon alle. Nadjeschda Konstantinowna auch! Sie wecken sie! Ein bißchen leiser!
Lenin schaut Rosanow erschrocken an, wiederholt flüsternd einige Male «ala-la» und verstummt.
Ein paar Augenblicke lang stehen alle noch in Erwartung eines neuen Zyklus da. Von weit her aus dem Dorf ist das Krähen eines Hähnchens zu vernehmen. Hinter dem Fenster wird es hell. Lenin schweigt.
OSSIPOW *(zu Rukawischnikow)*: Bringen Sie warmes Wasser und frische Wäsche.
Der Rollstuhl wird hinausgeschoben. Ossipow holt aus seinem Reisesack eine Spritze, zieht aus einer Ampulle ein Medikament auf und geht hinter dem Rollstuhl her hinaus.
ROSANOW *(erleichtert)*: Wahrscheinlich ist er schon eingeschlafen...
Aus Lenins Zimmer erklingt erneut: «A-a-a-...»

Sinowjews Wohnung im Kreml. Auf einem kleinen Sofa Sinowjew und Stalin. Ein Tischchen mit Obst.
SINOWJEW: Hör mal, Iossif, die Sache ist ernst. Wir wollen uns nichts vormachen. Wir wissen doch alle: Wenn der Alte wieder auf die Beine kommt, wie im vorigen Sommer, dann wird er sich neue Leute suchen. Und wir können... *(Macht eine vage Handbewegung.)* Stimmt's?

Stalin nimmt einen Apfel und beißt hinein.
STALIN: Na ja, so sieht's aus. Und was meint Kamenjew dazu?
SINOWJEW: Du kennst ihn ja. Gegen den Alten wird er niemals etwas unternehmen. Und der Alte, na, entschuldige mal, hört jetzt auf wen? Auf Trotzki. Er ist es, der ihn soweit gebracht hat. Der immer mit seinem Thermidor, Thermidor, die sind doch schon lange keine Revolutionäre mehr. Sehen sie denn nicht, daß sie total verbürokratisiert sind?
STALIN: Vielleicht sind wir ja wirklich verbürokratisiert? Du, zum Beispiel, Grigori, bist fett geworden, wie ein Abteilungsleiter.
SINOWJEW: Hör mit den Witzen auf! Dazu ist jetzt nicht die Zeit. Ich versteh überhaupt nicht, was da in Gorki vorgeht. Aus den Ärzten ist nichts Vernünftiges rauszuholen, manchmal kommt es mir so vor, als ob uns der Alte an der Nase herumführt.
STALIN: In welchem Sinne?
SINOWJEW: Na ja, daß er eben, verstehst du, extra schweigt. Ein zeitweiliger Rückzug. Wie damals, in Brest-Litowsk. Wartet, bis er wieder neue Kräfte gesammelt hat. Und dann schlägt er zu.
STALIN: Alles ist möglich, Grigori. Wir wollen uns mal folgendes vor Augen führen: Sie fahren den Alten im Rollstuhl im Zimmer herum, um ihn zu beruhigen. Stimmt's?
SINOWJEW: Und weiter?
Stalin packt seinen Apfelbutzen am Stiel und umkreist damit die Obstschüssel.
STALIN: Der Deutsche karrt den Alten von links nach rechts. Der Alte protestiert: «Ala-la, ala-la.» Stimmt's?
SINOWJEW: Ja.
Mit dem Butzen umkreist Stalin die Schüssel in umgekehrter Richtung.
STALIN: Und nun – nach links. Der Alte verstummt und schweigt. Na? *(Legt den Butzen in die Obstschüssel.)*
SINOWJEW: Das glaubst du doch wohl selber nicht, daß er dort

irgendwelche Geheimzeichen gibt, um die politische Linie zu weisen? *(Guckt Stalin an.)* Na, da gehst du aber wirklich zu weit... *(Lenkt seinen Blick auf die Schüssel mit dem Butzen.)* Das wäre ja ein Witz! *(Schiebt die Schüssel von sich.)* Ich rede von etwas anderem. Mir scheint, er schweigt extra.
STALIN: Wenn dir was erscheint, dann solltest du dich vielleicht bekreuzigen.
Sinowjew sieht Stalin gereizt an. Das Wort «bekreuzigen» empfindet er als Anspielung auf seine jüdische Herkunft.
STALIN: Nun mach mal keine Panik, Grigori. Hast du nicht die letzten Fotos aus Gorki gesehen?
Stalin holt aus der Tasche seiner Militärjacke ein Päckchen mit Fotos, auf denen der kranke Lenin zu sehen ist. Er legt sie wie eine Patience auf dem Tisch aus.
STALIN: Guck mal. Wunder gibt es nicht.
Sinowjew wirft einen Blick auf die Fotos, steht auf und fängt an, im Zimmer auf und ab zu gehen.
SINOWJEW: Du sagst, daß es keine Wunder gibt? Aber war denn die Revolution kein Wunder? Und der Sieg im Bürgerkrieg? Etwa kein Wunder?
STALIN: Von derartigen Wundern strotzt die Geschichte nur so. Aber das hier... *(Zeigt auf die Fotografie.)*
SINOWJEW: Na gut. Dann wollen wir die Sache mal von der anderen Seite betrachten. Behüte Gott, daß uns der Alte morgen tatsächlich wegstirbt. Wer übernimmt dann das Steuer? Ich? Du? Kamenjew? Ein Jude, ein Georgier oder ein Halbjude? In Rußland, in einem rechtgläubigen Land? Wenn es sich um eine Weltregierung handeln würde, wär die Sache einfacher zu lösen. Aber hier – nein danke. Du liest doch auch die Geheimberichte von der OGPU. Dort gibt doch jede Zeile Auskunft darüber, was das Volk denkt. Damit haben wir erst mal zu rechnen. Wir müssen zusammenhalten. Das ist der einzige Weg.
STALIN: Ein rechtgläubiges Land, sagst du? Vielleicht, viel-

leicht... Na, fahr erst mal auf die Krim, Grigori, und erhol dich. Alles wird sich finden. Schwer haben wir's mit dem Alten gehabt, im letzten Jahr. Und ohne ihn... hast recht: wenn der Alte im Haus ist, würde man ihn am liebsten umbringen, aber wenn er nicht da wär, müßte man ihn erfinden...

Das Zimmer der wachhabenden Sanitäter. Sorka und Rukawischnikow spielen ein wundersames Schachspiel: die menschlichen Figuren sind in die Trachten der Bewohner des hohen Nordens gekleidet, außerdem gibt es ein Kamel und irgendein Fabeltier. Neben der leicht angelehnten Tür ins Zimmer steht ein geschnitzter Stuhl – darauf liegt ein Buch. Die Sanitäter unterhalten sich leise.

SORKA: Marija Iljinitschna hat erzählt, daß Wladimir Iljitsch nicht schlechter Schach spielt als Capablanca*... Das würde ich zu gern mal sehen. *(Rückt eine Figur vor.)*

Leise kommt Ossipow herein, durchquert vorsichtig das Zimmer, setzt sich auf den Stuhl an der Tür, lauscht, fährt in seiner nur kurz unterbrochenen Lektüre fort.

SORKA: Interessant, welche Verteidigung Wladimir Iljitsch wohl vorziehen würde?

RUKAWISCHNIKOW: Wladimir Iljitsch zieht den Angriff vor! *(Macht einen Zug.)* Schach... Und Matt!

Ossipow reißt sich von seinem Buch los, lauscht, gibt den Sanitätern ein Zeichen.

SORKA *(seufzend)*: Geh, Wolodja – deine Schicht.

Lenins Zimmer. Er liegt angezogen auf dem Bett – die Beine mit einem Plaid bedeckt. Die Augen sind schreckgeweitet. Rukawischnikow tritt ein.

---

* Der Kubaner José Raoul Capablanca (1888–1942), Sieger vieler internationaler Turniere, gewann 1921 und 1927 die Schachweltmeisterschaften.

RUKAWISCHNIKOW: Sie haben gerufen, Wladimir Iljitsch?
Lenin, ohne die Frage zu beantworten, blickt vorsichtig hinter den Rand des Paravents, zeigt darauf.
RUKAWISCHNIKOW: Da ist keiner, Wladimir Iljitsch...
Lenin sieht ihn mißtrauisch an, droht mit dem Finger. Dann zeigt er mit der Hand auf die Tür.
RUKAWISCHNIKOW: Dort spielen Sorka und ich Schach. Niemand außer uns kann von dort zu Ihnen hereinkommen.
Lenin schaut Rukawischnikow forschend an, runzelt die Stirn. Er lenkt den Blick zur Tür und sieht ihm dann erneut in die Augen. Danach lacht er, nickt ein paarmal mit dem Kopf.
RUKAWISCHNIKOW: Ich geh jetzt wieder, Wladimir Iljitsch?
Lenin bedeutet ihm: Geh nur. Rukawischnikow geht hinaus und kehrt ins Zimmer der Sanitäter zurück.
RUKAWISCHNIKOW: Er sieht mal wieder Gespenster. Noch eine Partie?
SORKA: Warte mal.
Sorka erhebt sich halb, lauscht. Erstarrt mit einer Schachfigur.

Das Zimmer Lenins. Lenin stemmt sich auf die Ellenbogen hoch, blickt angespannt in Richtung Tür. Dann blickt er sich im ganzen Zimmer um – nimmt sich selbst im Spiegel wahr, wendet den Blick ab. Seine Pupillen weiten sich, der Atem geht schwer und unregelmäßig.

Mit einem professionellen Lächeln auf dem Gesicht tritt Sorka ein.
SORKA: Was ist, Wladimir Iljitsch, kann ich helfen?
LENIN *(mit eiligem, erschrockenem Flüstern)*: Dadadadadada!
Zeigt auf die Decke, dann auf den Stuhl in der Zimmerecke.
SORKA: Wladimir Iljitsch, Wladimir Iljitsch, dort ist der Dachboden, und hier ist überhaupt niemand, niemand, Ehrenwort, gar niemand.
Sorka stellt einen Stuhl zur Seite. Lenin greift nach Sorkas Hand; er zittert. Sorka sieht sich nach der Tür um, auf Unterstützung

hoffend. Getier eilt herein, hinter ihm Marija Iljinitschna. Im Türrahmen – Ossipow.
Lenin läßt Sorkas Hand los, zeigt erneut in die Ecke und sagt – diesmal laut, während er irgend etwas mit der Hand abwehrt: «Da! Da! Da!»
Getier setzt sich neben den Kranken, nimmt ihn in die Arme, streicht ihm über den Kopf, blickt ihm in die Augen.
GETIER: Täubchen, Wladimir Iljitsch, was haben Sie denn, was haben Sie denn... Wir sind doch alle hier. Da ist Marija Iljinitschna. Dort steht der Sanitäter. Das bin ich – Doktor Getier. Alle sind wir hier. Wir werden Sie niemandem hergeben, niemandem... Sie müssen ein bißchen schlafen, sich ausruhen. Alles geht vorbei, alles wird gut... Möchten Sie ein klein wenig Brom?
Lenin blickt Getier an – ob er sich nun abmüht, ihn wiederzuerkennen, oder ob er nach der «Falle» in seinen Worten sucht?
Schroff stößt er den Doktor zurück, versucht, sich vom Bett zu erheben, wirft das Plaid ab, setzt die nackten Füße auf den Boden, will sich hinstellen.
ULJANOWA: Wolodja... zieh die Schuhe an... du erkältest dich.
GETIER *(streng)*: Wladimir Iljitsch, ohne Schuhe geht es nicht.
Lenin tastet mit der Hand herum, stößt auf seine Mütze und... bückt sich in dem Versuch, sie an seinen Fuß zu ziehen.
GETIER *(zur Uljanowa)*: Irgendwie kann er heute nicht so recht. Oder das Zimmer macht ihm angst. Wir müssen ihn rausbringen.
Ossipow nickt mit dem Kopf. Die Sanitäter beeilen sich, Lenins Füße in Hausschuhe zu stecken, sie setzen ihn in den Sessel auf Rädern, rollen ihn aus dem Zimmer. Als letzter, mit einem niedergeschlagenen Kopfschütteln, geht Getier hinaus.

Das Zimmer der Uljanowa. Hier ist Lenin vorhin erst gefüttert worden – auf dem Tisch steht immer noch das Tablett mit einem

Rest Brei und einem kleinen Hacksteak. Lenin sitzt in seinem Spezialsessel. Die übrigen warten gespannt – will er sich vielleicht hinlegen?

Lenin schaut sich unruhig um. Getier und Ossipow wechseln Blicke.

OSSIPOW: Rollt ihn woandershin!

Das Badezimmer. Schmal, von allen Seiten geschlossen, mit einer einzigen Tür. In seinem Sessel, mit dem er gleichzeitig die Tür blockiert, schläft Lenin. In der Ecke, auf einem Hocker, sitzt Rukawischnikow. Mit der Hand preßt Lenin krampfhaft einen seiner Schuhe, den zweiten trägt er am Fuß. Er öffnet die Augen. Rukawischnikow – mit gespannter Aufmerksamkeit – erhebt sich halb. Lenin sucht das Zimmer mit Blicken ab und schließt dann beruhigt wieder die Augen.

Die Pilze

Früher Morgen. Ein Parkweg. Mitten auf dem Weg steht Pakaln. Er mustert die Wegränder, hockt sich hin und blickt sich erneut um.

Aus der Tiefe des Parks tauchen fünf, sechs Männer von der Wachmannschaft mit Eimern und Körben auf. Der Kommandeur des Pilz-Trupps (Ljagutkin) tritt zum Chef und macht Meldung.

LJAGUTKIN: Wir haben sie mit Mühe zusammengekriegt – die Pilze sind ja noch nicht aufgeschossen.

PAKALN: Na, zeig mal her, Nedobeschkin!

Nedobeschkin weist einen fast leeren Eimer vor. Auf den Pilzen liegt ein Küchenmesser. Pakaln zieht einen großen Steinpilz aus dem Eimer. Fischt ein Klappmesserchen aus der Tasche, öffnet es und schabt den Stiel an der Schnittstelle ab.

PAKALN: Der ist in Ordnung. Also folgendermaßen... Pisan, Ljagutkin – ihr pflanzt sie nach rechts hin. Nedobeschkin, Pidjura – nach links hin. Staklis, du setzt welche hinter dem Bänkchen!

Die Wachleute zerstreuen sich entlang dem Weg. Pakaln verfolgt ihre Arbeit und greift von Zeit zu Zeit korrigierend ein: «Wohin setzt du denn den? Höher! Der ist vom Weg aus nicht sichtbar, Dirsa!»* Während er sich gleichsam in die Blickhöhe des künftigen Sammlers versetzt, hockt sich Pakaln ein um das andere Mal hin und gleitet mit eingeknickten Knien den Weg entlang. Ihm folgt ein Wachmann mit einem Korb und korrigiert die Versäumnisse der «Pflanzer».

PAKALN: Bestreu das Ganze mit Nadeln! Und dort setz noch einen kleinen hin, damit's zwei sind. So geht's.

* lettisch: Arsch

Am Morgen. Der Rollstuhl bewegt sich knirschend über den gelben Sand. Lenin wird von seiner üblichen Gefolgschaft begleitet: Pakaln, Krupskaja, Uljanowa, die ein Körbchen in der Hand hält. Dazu der wachhabende Sanitäter (Sorka). Krupskaja und Uljanowa halten sich rechts und links vom Rollstuhl und beobachten Lenins Mienenspiel. Pakaln schiebt den Stuhl. Dem Kranken geht es heute eindeutig besser. Sein Kopf wandert bald nach links, bald nach rechts, bald nach unten, bald nach oben. Man vernimmt paradiesisches Vogelgezwitscher.

Einer von Pakalns Leuten hält sich ein wenig tiefer im Wald auf einem Trampelpfad, den sich die Wachhabenden bei ihren Runden bereits gebahnt haben, auf gleicher Höhe zu der Gruppe auf. Von Zeit zu Zeit späht er zum Weg hinüber, auf dem Lenin geschoben wird. Plötzlich erspäht er zwei Gestalten, einen älteren bärtigen Mann und ein halbwüchsiges Mädchen, die Lichtung betreten, auf der eine besondere Überraschung für Lenin vorbereitet worden ist. Der Bewacher stößt einen doppelten «Pirol»-Schrei aus. Von der anderen Seite des Weges antwortet ihm noch ein «Pirol».

Der Bewacher schaut sich um. Jeden Augenblick muß Lenin die Lichtung erreicht haben. Der Posten beschleunigt seine Schritte und winkt schon von ferne: Weg von der Lichtung! In den Wald! In den Wald!

Auf den Schrei des «Pirols» hin wendet Lenin den Kopf und bemerkt das rote Kleid des davonlaufenden Mädchens.

LENIN *(interessiert)*: Was-was? Was-was?

KRUPSKAJA *(nach einem Blick auf die Uljanowa)*: Ein Mädchen.

LENIN: Genau-genau!

Die Krupskaja zögert, da sie eine heftige Reaktion der stirnrunzelnden Uljanowa befürchtet, fährt aber – nachdem sie wieder einen Blick auf diese geworfen hat – vorsichtig fort:

KRUPSKAJA: Das ist Natascha, die Tochter von Preobraschenski, sie wohnen bei uns im Seitenflügel.

ULJANOWA: Nadja! Erinnerst du dich, hier haben wir doch letztes Jahr Pilze gesammelt!
Die Krupskaja dreht sich um und bemerkt einen Pilz: Wolodja, schau nur, Pilze!
Der Rollstuhl hält an. Ringsum schießen überall Pilze aus dem Boden. Lenin blickt aufgeregt hierhin und dorthin und zeigt mit der Hand nach rechts und nach links.
SORKA: Pilze!
Der Sanitäter zieht, etwas abseits vom Weg, ein kräftiges Steinpilzchen aus der Erde und hält es triumphierend in die Höhe. Lenin dreht sich zur Krupskaja, dann zur Uljanowa um und lacht zufrieden.
KRUPSKAJA: Wie letztes Jahr.
ULJANOWA *(lächelt Pakaln zu)*: Noch ist die Pilzzeit nicht vorbei... und schon stehen uns die Himbeeren ins Haus, die Preiselbeeren und Nüsse...
Die Prozession bewegt sich langsam weiter den Weg entlang, Lenin zeigt mit der Hand auf die Pilze, Uljanowa sammelt sie ins Körbchen.
ULJANOWA: Noch ein paar – und die Suppe ist fertig!
Die Krupskaja schaut in das Körbchen, wie viele sie wohl schon zusammenbekommen haben? Zieht eine Rotkappe heraus und ergötzt sich daran.
KRUPSKAJA: Wolodja, guck mal, was für ein Prachtstück!
Lenin nimmt den Pilz und betrachtet ihn aufmerksam. Das Lächeln auf seinem Gesicht erstirbt: die vor seinen Augen gepflückte Rotkappe erweist sich als sauber abgeschnitten. Er errät alles, seine Miene verfinstert sich, er schleudert den Pilz auf den Weg.
SORKA: Fahren wir weiter.
PAKALN: Da vorne sind noch mehr Pilze...
Lenin fuchtelt gereizt mit dem Arm. Man wendet den Rollstuhl und schiebt ihn langsam auf das Haus zu.

Das Eßzimmer im Herrenhaus. An einem großen Tisch trinken Lenin und Rukawischnikow Tee. Auf der Schwelle stehen die Krupskaja und die Uljanowa. Lenin sitzt mit dem Rücken zu ihnen. Uljanowa und Rukawischnikow werfen sich vielsagende Blicke zu. Rukawischnikow zuckt mit den Schultern.
KRUPSKAJA *(leise, damit Lenin es nicht hört)*: Geh nicht rein, Manja. Er wird sich nur wieder aufregen. Das Ganze mit den Pilzen hätte man seinlassen sollen. Ich hab doch gleich gesagt, daß er dahinterkommt.
ULJANOWA: Hinter gar nichts wäre er gekommen, wenn du ihm nicht diese dämliche Rotkappe unter die Nase gehalten hättest. Und wir hatten uns doch vorher geeinigt, daß er es sein sollte, der als erster die Pilze bemerkt. Aber du gleich: ‹Pilze, Pilze!› Und Pjotr Petrowitsch ist mir auch so einer. Hat von Tarnung geredet, und dann geht er selbst hin und schneidet die Dinger mit dem Messer ab. Und pflanzt sie auch noch so ein! Man braucht euch nur einmal den Rücken zuzukehren – und schon klappt nichts mehr.
KRUPSKAJA: Das wird er uns lange nicht verzeihen.
Beide schauen zu Lenin hinüber. Lenin versucht, nachdem er seinen Tee ausgetrunken hat, mit dem Löffelchen die Zitronenscheibe aus dem Glas zu fischen. Die Zitrone will aber nicht.
ULJANOWA: Du, Nadja, kannst hier warten, aber ich geh jetzt rein.
Die Uljanowa tritt vorsichtig ein.
Lenin nimmt sie gar nicht wahr. Er arbeitet an der Zitrone, drückt sie, wendet sie auf dem Boden des Glases um, zieht sie die Wand hoch...
ULJANOWA: Wolodja! *(Zeigt auf ein Tellerchen mit zurechtgeschnittener Zitrone.)* Wolodja!...
Lenin dreht sich kurz zur Uljanowa um und wendet sich dann mit noch größerer Beharrlichkeit wieder seiner eigenen Zitrone zu. Wieder und wieder klirrt das Löffelchen im Glas. Die Zi-

trone wandert den Rand hinauf und fällt erneut auf den Boden zurück.

Lenin zerrt das Glas aus seinem Halter, dreht es um, die Zitrone fällt auf die Untertasse. Er nimmt sie mit den Fingern der gesunden Hand und steckt sie in den Mund.

Die Flucht
21. Juli 1923

Am Morgen. Lenin im Rollstuhl im Kaninchengehege, das neben der Garage gebaut worden ist, unweit des Herrenhauses. Die Uljanowa und die Krupskaja füttern die Tiere, Rukawischnikow lagert im Gras neben dem Gehege, auf Lenins Knien liegt ein Bund Möhren.
ULJANOWA: Wolodja! Willst du den Kaninchen nicht die Möhren hinwerfen? Sie warten schon.
Lenin schleudert unwillig den Kaninchen das Bündel Möhren hin und gibt, ohne auf die herbeihoppelnden Kaninchen zu achten, das Zeichen zum Aufbruch.
Der Rollstuhl gleitet die Allee entlang. An der Biegung zum Herrenhaus läßt Lenin anhalten.
KRUPSKAJA: Willst wohl nicht nach Hause, Wolodja?
Lenin schüttelt den Kopf.
KRUPSKAJA: Fahren wir vielleicht noch ein bißchen in den Wald? Zur Laube?
Lenin zeigt mit der Hand, in welche Richtung er möchte.
ULJANOWA: Willst du um das Beet herumfahren, Wolodja? Dir die Blumen angucken? Die hab ich mit unseren Arbeitern gepflanzt.
Lenin nickt mit dem Kopf.
Die Uljanowa wirft der Krupskaja einen triumphierenden Blick zu.
Der Rollstuhl wird gewendet und umfährt das Beet. Am Seitenflügel gibt Lenin das Zeichen zum Anhalten. Er zeigt erst auf sich, dann auf den Flügel.
ULJANOWA: Wolodja! Wir müssen aber dorthin.
Sie zeigt auf das Herrenhaus.
ULJANOWA *(zu Rukawischnikow)*: Vorwärts, nach Hause!

Als er das Kommando der Uljanowa hört, gerät Lenin in Wut, hämmert auf den Rollstuhl und versetzt ihn ins Schaukeln.

KRUPSKAJA: Wladimir Alexandrowitsch, erfüllen Sie Wladimir Iljitschs Bitte!

ULJANOWA: Aber Nadja!

RUKAWISCHNIKOW: Dort geht es aber Stufen hinauf, Nadjeschda Konstantinowna.

Lenin beharrt auf seinem Wunsch und zeichnet mit der Hand eine Treppe in die Luft.

ULJANOWA: Wolodja, dort lebt Alexej Preobraschenski mit seiner Tochter... Er überhäuft dich ständig mit Bitten. Du hast ihm einmal aus alter Freundschaft geholfen, aber seine Kommune hat er seinerzeit selbst heruntergewirtschaftet. Was hast du bei dem verloren?

Lenin macht Anstalten, aus dem Rollstuhl zu klettern. Seine Füße bleiben in dem Spalt zwischen Trittbrett und Gestänge stecken.

KRUPSKAJA *(erschrocken)*: Die Beine, die Beine!

Rukawischnikow stützt mit der einen Hand Lenin, mit der anderen befreit er die eingeklemmten Füße. Indem er sich an Rukawischnikow klammert, gleitet Lenin aus dem Stuhl und macht sich daran, die Stufen zur Tür hinaufzukriechen.

Aus dem Fenster schaut Preobraschenskis Tochter, ruft ihren Vater. Der erscheint am Fenster, sieht hinaus. Erschrickt.

Pakaln eilt herbei, dann Sorka, ein paar Leibwächter. Als letzter Ossipow.

PAKALN: Wohin! Dorthin darf er nicht! *(zu Rukawischnikow)* Da haben Sie die Bescherung! *(zu Ossipow)* Herr Professor, sagen Sie doch was zu Wladimir Iljitsch! Unternehmen Sie doch was!

OSSIPOW *(seufzend)*: Wladimir Iljitsch, die Hausherren hier ruhen sich gerade aus, sie sind müde nach einem Spaziergang. Sie sind nicht darauf vorbereitet, uns zu empfangen...

Pakaln winkt Hilfe herbei.

PAKALN *(zu Sorka)*: Na, nun hilf mir doch schon...
Er und Sorka nähern sich dem Kranken.
KRUPSKAJA: Lassen Sie, Pjotr Petrowitsch! Wladimir Iljitsch möchte das Haus betreten. *(zu Rukawischnikow)* Helfen Sie ihm! Sorka und Rukawischnikow helfen Lenin auf die Füße. Die Krupskaja öffnet die Eingangstür. Indem sie das gelähmte Bein Lenins vorsichtig mit den Händen vorwärts schieben, geleiten die Sanitäter ihn über die Treppe in den ersten Stock. Ihnen folgt die Krupskaja. Lenin wendet sich um und bedeutet ihr – geh! Die Krupskaja steigt ergeben zu den Ärzten und der Hausangestellten hinunter. Auf der obersten Treppenstufe wartet Preobraschenski auf Lenin.

Pakaln betrachtet die Szene, brummt irgend etwas Lettisches, befiehlt einem der Bewacher, unten zu warten, allen anderen zu gehen. Er zieht sich in sein Büro zurück, wahrscheinlich, um diverse Instanzen telefonisch zu informieren.

Lenin umarmt Preobraschenski, drückt mit der Linken dessen Hand und küßt sie plötzlich und unerwartet. Preobraschenski wird bleich, seine Lippen zittern. Ohne den Zustand seines alten Freundes zu bemerken, der einer Ohnmacht nahe ist, fängt Lenin zu «sprechen» an. Er macht diverse gemeinsame alte Bekannte vor: der eine hat eine große Nase und einen Bauch, der andere einen charakteristischen Augenschnitt, und jene hat ständig gesungen – er stößt unartikuliert irgendeine ukrainische Melodie hervor... Preobraschenski erkennt die meisten der Dargestellten, nennt deren Namen, singt leise mit und setzt dabei die Worte aus dem Lied ein. Dann zeigt Lenin mit dem Finger auf Preobraschenski – ob er nun sagen will, daß von allen nur Preobraschenski übriggeblieben ist, oder ob er fragen will, wie es diesem geht?
PREOBRASCHENSKI *(laut, wie zu einem Tauben)*: Ich wohne hier mit meiner Tochter. Arbeite im Sowchos... Bin Direktor.
Lenin nickt mit dem Kopf. Lächelt. Zeigt mit dem Finger durch das Fenster auf den Park.

PREOBRASCHENSKI: Sie haben meine Tochter im Wald gesehen, Wladimir Iljitsch?
Lenin nickt lächelnd. Dann macht er ein ernstes Gesicht und zeigt mit der Hand auf sich selbst, auf seine andere Hand, auf das Bein, den Kopf...
PREOBRASCHENSKI: Eine Krankheit... Der Mensch ist eben mal gesund, mal krank, mal wieder gesund... Vielleicht werden Sie ja geheilt?
Lenin schüttelt entschieden den Kopf, dann macht er eine unbestimmte Geste, die soviel besagt wie: «Na, vielleicht kriegen sie mich ja doch auch wieder gesund.»

In Sinowjews Wohnung. Sinowjew und Kamenjew sitzen am Tisch. Auf dem Tisch, auf den Stühlen und auf dem Fußboden stehen lauter unausgepackte Kisten. Eine Kiste mit Weintrauben ist geöffnet.
SINOWJEW: Guck mal, Ljew, was ich am Ufer gefunden habe. Einen Hühnergott, es heißt, daß er Glück bringt.
Hält einen Faden hoch, an dem ein Steinchen mit einem Loch in der Mitte hängt.
KAMENJEW: Du bist irgendwie abergläubisch geworden, sammelst schon Löcher mit Steinchen drum rum.
SINOWJEW: Ach, das mach ich doch nur, weil es hübsch ist. Ich werde es irgend jemandem schenken. Ich hab auch für dich ein Geschenk vorbereitet, seit langem schon.
KAMENJEW: Was denn?
SINOWJEW: Hast du mal auf Doktor Rosanow geachtet, der jetzt in Gorki eingesetzt ist?
KAMENJEW: Ja, ich kenne ihn. Ein ausgezeichneter Chirurg...
Er hat Iossif den Blinddarm rausgeschnippelt, es war höchste Zeit, das ging schon in eine Bauchfellentzündung über. Iossif sagt, daß er Rosanow das Leben verdankt. Warum, brauchst du seine Hilfe?

SINOWJEW: Ach was, Gott sei Dank nicht. Aber dieser Rosanow, der kritzelt da meiner Meinung nach irgend etwas speziell für Iossif zusammen, ohne daß wir es überhaupt zu Gesicht bekommen.
KAMENJEW: Wir hatten doch ausgemacht, alle Berichte aus Gorki als Rundschreiben zu verteilen.
SINOWJEW: Alle, und auch wieder nicht alle. Glaubst du vielleicht, daß Getier – wenn er anreist, um Ljew Dawidowitsch zu kurieren – schweigt? Ich finde, daß wir das gleiche Recht haben sollten wie die anderen auch.
KAMENJEW: Wie meinst du das?
SINOWJEW: Ossipow ist Psychiater. Er sollte nicht weniger von der Sache verstehen als Rosanow.
KAMENJEW: Kennst du diesen Psychiater denn schon länger?
SINOWJEW: Einigermaßen. Er hat bei mir in Pieter* zweimal bei der Tscheka eingesessen. Ich hab ihn da rausgeholt. So ein kleiner Dienst am Nächsten... Übrigens, Ljew, du bist doch Direktor des Lenin-Instituts. Alle seine Papiere liegen bei dir. Könntest du da nicht ein paar Briefe von mir rausfischen? Ich sag dir noch, welche.
KAMENJEW: Entschuldige, Grigori, das geht nicht.
SINOWJEW: Warum nicht?
KAMENJEW: Der Alte hat sie mir persönlich anvertraut. Verstehst du, das geht nicht.
SINOWJEW: Na, ist schon gut.
Aus dem Vorraum hört man die Klingel.
KAMENJEW: Wer ist das?
SINOWJEW: Iossif wahrscheinlich.
Geht aus dem Zimmer und kommt gleich darauf mit Stalin zusammen wieder zurück.
STALIN *(zu Kamenjew)*: Der sieht ja hervorragend aus. Hat sich

* St. Petersburg.

den Wind um die Nase wehen lassen, ist schlanker, jünger geworden. Ich würde ja auch gern auf die Krim fahren, aber Deutschland läßt mich nicht. Da braut sich irgendwas zusammen. Na, und wie ist es so, auf der Krim?
SINOWJEW: Auf der Krim nur Klimbim. Ich hab dir Weintrauben von dort mitgebracht. Und wie steht es hier? Wie geht es dem Alten? Manjascha hat was von Besserung geschrieben.
STALIN: Es scheint ihm besserzugehen. Aber er langweilt sich. Die ganze Zeit nichts als Ärzte und die eigene Frau vor der Nase. Du weißt wohl schon, daß er neulich zum alten Preobraschenski ausgerissen ist. Sehnt sich wahrscheinlich nach neuen Gesichtern. Man muß mal zu ihm hinausfahren. Hast du übrigens die letzten OGPU-Berichte gelesen? Das Volk schwafelt, daß Lenin bei uns hinter Schloß und Riegel säße, wie im Gefängnis.
SINOWJEW *(winkt ab)*: Weiß schon, weiß schon... Erzähl mir lieber, was die Ärzte sagen.
STALIN: Foerster hat nichts gegen einen Besuch. Und Ossipow... den habe ich noch nicht gefragt.
KAMENJEW: Na, was soll da noch Ossipow? Wenn Foerster zugestimmt hat, dann heißt das, wir können fahren. Du hättest ruhig auch schon mit Grigori zu zweit fahren können.
STALIN: Ich wär ja gefahren, aber mir scheint, daß ich dort nicht besonders willkommen bin. Besonders seiner Frau nicht.
SINOWJEW: Fahren wir, fahren wir! Erst entwerfen wir noch schnell einen Aktionsplan für Deutschland, und dann fahren wir.

Am Morgen. Lenins Zimmer. Er liegt im Bett, ist wach. Hinter dem Wandschirm lugt eine Krankenschwester mit einer Bettpfanne hervor.
SCHWESTER: Es ist schon Morgen, Wladimir Iljitsch! Jetzt wollen wir uns wohl waschen?

Lenin schaut sie an, sein Blick bleibt an ihrer Brust haften, an der Bettpfanne, die unter einem Handtuch hervorlugt, er fuchtelt protestierend mit dem Arm, dann weist er der Schwester die Tür.

SCHWESTER: Es ist schon Morgen, Wladimir Iljitsch! Wir müssen uns waschen!

Lenin bedeutet ihr erneut, sich zu entfernen. Die Schwester aber ist entschlossen, auf ihrem Anliegen zu bestehen, und nähert sich wieder dem Kranken.

LENIN *(erschrocken)*: Geh-geh, geh-geh, geh-geh!

Ohne Rücksicht auf die protestierenden Schreie ihres Schützlings nähert sich die Schwester unaufhaltsam dem Bett. Lenin beginnt mit dem gesunden Bein herumzustrampeln, sein Gesicht läuft puterrot an. Die Krankenschwester stellt die Bettpfanne auf einen Stuhl und eilt hinaus. Lenin keucht «Ah-ah-ah» und wühlt sich erschöpft in die Kissen.

RUKAWISCHNIKOW: Guten Morgen, Wladimir Iljitsch! Wollen wir uns waschen?

LENIN: Genau-genau!

Im Vestibül des Haupthauses stehen Uljanowa, Foerster und Dobrogajew. Dobrogajew mit der bekannten Arzttasche in der Hand.

ULJANOWA: Ich fürchte, Sergej Martemjanowitsch, daß heute wieder nichts aus dem Unterricht wird. Aber ich gehe jetzt und versuche, ob ich etwas erreichen kann.

Uljanowa steigt die Treppe hoch. Hinter ihr Foerster und Dobrogajew.

Lenins Zimmer. Er sitzt vor einer Schiefertafel und malt darauf senkrechte Striche mit ein paar Kreidestückchen. Neben ihm die Krupskaja. Als sie die krakeligen Linien bemerkt, hilft sie mit eigener Hand dem «Schüler», sie zu begradigen.

Die Tür geht auf. Herein treten Foerster und der verlegen lä-

chelnde Dobrogajew. Die Uljanowa schließt hinter ihnen vom Wach-Vorraum aus vorsichtig die Tür. Lauscht. Geht fort.
FOERSTER: Guten Tag, Herr Präsident.
Lenin nickt liebenswürdig.
DOBROGAJEW: Guten Tag, Wladimir Iljitsch! *(Und wiederholt mit deutlicher Artikulation)* Guten Tag, Wladimir Iljitsch! Lenin nickt noch liebenswürdiger, legt die Hand an die Brust und... weist den Doktoren die Tür. Dobrogajew weicht zurück. Foerster, dem es unangenehm ist, vor Zeugen weggejagt zu werden, tritt einen Schritt nach vorn.
FOERSTER: Herr Präsident! Haben Sie mich wiedererkannt? Ich bin Professor Foerster. Seien Sie so lieb...
Lenin läßt Foerster nicht ausreden. Er erleidet einen Anfall von Jähzorn, knurrt, trampelt mit dem Fuß, fällt fast aus dem Sessel. Die Professoren machen sich davon – Dobrogajew hastig, Foerster, der noch versucht, seine Würde zu wahren, gemessen.

Lenin beugt sich erneut über seine Schiefertafel. Er zeichnet mit dem Kreidestückchen mit schnellen, jähzornigen Bewegungen. Die Kreide bricht ab.

Das Eßzimmer. Hier haben sich die Ärzte versammelt, um Tee zu trinken und das Benehmen des Kranken zu erörtern. Bei ihnen sitzt die Uljanowa.
FOERSTER: Ja, der Herr Präsident ist ein komplizierter Patient.
OSSIPOW: Offenbar ist das Gehirn schwerer geschädigt, als wir angenommen haben. *(Bedeutungsvoll)* Die linke Hemisphäre...
Ohne anzuklopfen, kommt Sorka herein.
SORKA: Marja Iljinitschna, Wladimir Iljitsch kommt hierher. Er will sich vergewissern, daß keine Ärzte oder Schwestern mehr im Hause sind. Er ist sehr gereizt.
OSSIPOW *(nimmt seinen Kneifer ab)*: Meine Herren, wir unterbrechen das Konsilium.
Marja Iljinitschna breitet die Arme aus.

Der Rollstuhl mit Lenin gleitet durch das «Wachzimmer». In der Hand hält Lenin einen Spazierstock. Die Mütze fehlt. An einem Halbstiefel hat sich der Schnürsenkel gelöst. Auf der Schwelle des Zimmers der Uljanowa verlangsamt Rukawischnikow seinen Schritt.

LENIN *(kategorisch)*: Fahr-fahr!

Rukawischnikow öffnet die Tür und schaut ängstlich in das Zimmer. Niemand. Vorbei an den luxuriösen Gemächern der Marja Iljinitschna gleitet der Rollstuhl ins Eßzimmer, wo die Uljanowa inzwischen allein am Tisch sitzt. Der Stuhl ist mit dem von den Professoren zurückgelassenen Geschirr beladen, mit angebissenen Schnittchen. Die Stühle stehen durcheinander. Lenin mustert die Spuren der überstürzten Flucht. Sein Blick bleibt an dem Zwicker hängen, den Ossipow liegengelassen hat, und er begreift, daß die Ärzte nicht weit sein können.

ULJANOWA *(fängt Lenins Blick auf)*: Na, Wolodja, wollen wir nicht Tee trinken?

Lenin sieht sich, ohne auf die einschmeichelnde Frage der Uljanowa zu antworten, weiter um. Wo könnten die «Ratten» stecken? Wahrscheinlich hinter dem Vorhang! Er stößt ein paarmal sein Stöckchen in die Stores vor der verhängten Balkontür. Dann gibt er das «Vorwärts»-Zeichen. Der Rollstuhl durcheilt das Eßzimmer, steuert auf den Korridor hinaus und hält neben dem Badezimmer an. Lenin klopft mit dem Stöckchen an die Tür und tritt mit seinem gesunden Bein dagegen. Die Tür gibt nicht nach. Er wendet sich zum Sanitäter um. Sein Gesicht sagt: «Hab ich euch endlich erwischt!» Er tritt noch ein paarmal kräftig mit dem Bein gegen die Tür.

RUKAWISCHNIKOW: Wladimir Iljitsch, die Tür muß man zu sich hin öffnen!

Setzt den Rollstuhl etwas zurück und öffnet die Tür. Lenin sieht hinein: niemand!

Die Schar der Ärzte hat sich in den Wintergarten geflüchtet. Getier, den Lenin noch nicht fortgejagt hat, blickt selbstgefällig drein und raucht. Foerster steht starr an der Tür und blickt in den Park. Ossipow hat sich an die Wand gelehnt, ohne Zwicker. Rosanow verzehrt einen Apfel, den er sich aus dem Eßzimmer mitgebracht hat. Dann ist da noch der aus Moskau angereiste Volkskommissar für das Gesundheitswesen, Semaschko, mit einer Aktentasche. Und noch einige beeindruckende Gestalten – Obuch, Wejsbrod, Dobrogajew, Kramer.

SEMASCHKO: Ich weiß nicht, Genossen Ärzte. Was soll denn nun die eigentliche Ursache der Krankheit sein – nicht einmal das können Sie mir sagen. Die einen behaupten eine spezifische, die anderen das Gegenteil. Zumindest müßten Sie es doch schaffen, an Wladimir Iljitsch heranzukommen. So, wie es heute steht, will er die Hälfte unseres Ärztekollegiums nicht einmal mehr sehen, die andere Hälfte duldet er zwar noch, läßt sie aber keine Untersuchungen durchführen.

OSSIPOW: Negative Reaktion auf Ärzte. Und dementsprechend auf Medikamente. Wir müssen abwarten.

GETIER: Na, was wollen Sie denn, mein Täubchen? Er hat uns einfach satt. Jeden Tag: Drehen Sie sich um, heben Sie an, senken Sie, sagen Sie «A», und sagen Sie doch mal «Kuckuck». Und vor den Schwesterchen geniert er sich. Das habe ich allen schon längst gesagt. Diese Bettpfanne, Pipi und Aa. Das ist doch furchtbar erniedrigend für ihn.

SEMASCHKO: Und was soll ich dem Zentralkomitee sagen? Wie sind die Zukunftsaussichten?

FOERSTER: Schaut mal da! *(Zeigt mit der Hand in den Park.)*

Auf dem Weg zum Haus nähert sich Lenin im Rollstuhl. Ihm folgen Rukawischnikow und Pakaln.

ROSANOW: Wir müssen gehen... Am besten über die Südterrasse, meine Täubchen...

Der Wintergarten leert sich schlagartig.

Der Park in Gorki. Mit Mühe bricht sich die Sonne Bahn durch die verschlungenen Zweige einer alten, ausladenden Eiche. Von irgendwoher vernimmt man eine ungeduldige Stimme: «Vielleicht reicht's ja auch, Nikolaj! So viele müssen's doch nicht sein, oder?!»
Man vernimmt das Geräusch knackender Zweige. Bucharin hangelt sich einen Baum hinunter, läßt sich das letzte Stück herunterfallen. Er sieht außerordentlich zufrieden aus.

BUCHARIN: Eine großartige Baumhöhle, das ist ja mehr ein Palast als eine Baumhöhle! Ich hab hier Fangschlingen ausgelegt! Ganz akkurat!

SINOWJEW *(der schon unten, am Baumstamm, auf Bucharin wartet, schüttelt unzufrieden den Kopf)*: Du bist wie ein kleines Kind, Nikolaj. Es kann ja sein, daß er gerade hier, irgendwo neben uns, im Park ist, und du immer mit deinen Fangschlingen, Fangschlingen!

BUCHARIN: Nun mach mal 'nen Punkt, Grigori! Ich begreife überhaupt nicht, weshalb du dich eigentlich so aufregst? Wir gehen einfach hin und sagen: «Wladimir Iljitsch, guten Tag, da sind wir.» Dann bringen wir ihn her, und ich zeige ihm die Schlingen...

Beide setzen sich in Richtung auf das Herrenhaus in Bewegung.

Auf der unteren Veranda sitzt Rukawischnikow und liest eine Illustrierte namens «Proschektor», die dem 5. Jahrestag des Attentats auf Lenin gewidmet ist, der auch auf dem Titel abgebildet ist. Bucharin klopft leise gegen das Verandafenster. Rukawischnikow dreht sich um und steht auf.

BUCHARIN *(flüstert gedämpft)*: Marija Iljinitschna?

RUKAWISCHNIKOW: Marija Iljinitschna ist im Park bei Wladimir Iljitsch.

BUCHARIN *(faßt Mut und betritt die Veranda)*: Könnte sie vielleicht hierherkommen?

RUKAWISCHNIKOW: Guten Tag... Genossen. Ich geh sie fragen.

Der Sanitäter geht fort. Die Gäste setzen sich. Sinowjew nimmt die Zeitung vom Tisch. Ossipow taucht auf.

Ossipow: Darf ich? Störe ich Sie auch nicht?
Sinowjew: Treten Sie ein, Professor.
Ossipow: Guten Tag, Genosse Sinowjew. Guten Tag, Genosse Bucharin.
Bucharin: Ah, Doktor! Erzählen Sie, erzählen Sie! *(Weist mit der Hand auf den Stuhl.)* Man sagt, unser Wladimir Iljitsch habe hier die Zügel wieder in die Hand genommen? Hat er etwa Foerster verjagt?
Ossipow: Nicht nur Foerster – alle jagt er weg. Auch den Logopäden Dobrogajew und die Professoren Kramer und Wejsbrod. Ehrlich gesagt, außer Professor Rosanow und Doktor Getier will er niemanden sehen. Und behandeln läßt er sich schon gar nicht mehr. Mich duldet er vorläufig, aber ich bemühe mich auch, ihm nicht unnötig unter die Augen zu kommen.
Sinowjew *(sich schnell rückversichernd)*: Das heißt, Dr. Getier ist hier, in Gorki?... Aha, aha. Und Professor Rosanow ist auch hier?
Ossipow: Nein, Professor Rosanow macht Urlaub, am Rigaer Strand.
Sinowjew: Am Strand – das ist gut... wie schön mag's jetzt wohl am Strand sein!... Na, und alles in allem, mein teurer Viktor Petrowitsch, wie sind die Aussichten? Wie steht's um seine Sprechfähigkeit?
Ossipow: In den letzten drei Wochen – eine deutliche Besserung. Nadjeschda Konstantinowna trainiert mit ihm. Er spricht ihr schon einzelne Worte nach, kurze Sätze. Professor Foerster hofft, daß er bis zum Frühling wieder sprechen kann...
Sinowjew: Bis zum Frühling? Hat Foerster das wirklich gesagt – bis zum Frühling?
Ossipow breitet die Arme aus, als wolle er sagen: Foerster muß es ja wissen.

Auf einem Weg im Park Lenins Rollstuhl. Pakaln schiebt ihn. Dahinter die Uljanowa. Sie hält ein Körbchen mit Pilzen in den Händen. Hinzu tritt der als Eilbote abgeordnete Sanitäter. Er teilt der Uljanowa leise etwas mit. Lenin folgt ihnen mit den Augen.
ULJANOWA: Ich komme gleich zurück, Wolodja. Ein Anruf aus der «Prawda».

FOERSTER: Ich glaube, meine Herren, daß Sie den Herrn Präsidenten schon besuchen können.
SINOWJEW: Sie meinen also, daß ein Treffen Wladimir Iljitsch in keiner Weise schaden würde?
FOERSTER: Ich bin überzeugt, der Tag wird kommen, an dem der Herr Präsident wieder all seine Tätigkeiten aufnehmen kann, wenn auch nicht in vollem Umfang. Durch Ihren Besuch wird seine Lebensenergie wieder geweckt. Die Arbeit ist für ihn das ganze Leben. Nichtstun ist tödlich für ihn.
Sinowjew und Bucharin schauen fragend zur Uljanowa.
ULJANOWA: Na los, Jungs, Grigori, Nikolaj – gehn wir?
SINOWJEW: Sind Sie davon wirklich überzeugt, Herr Professor?
FOERSTER: Ja!
Sinowjew blickt sich Einverständnis erheischend nach Ossipow um. Ossipow bedeutet ihm durch eine Geste: Da haben Sie Ihre Erlaubnis.
ULJANOWA: Gehen wir! Er hat übrigens erst neulich nach euch gefragt: Er hat eure Namen in der Zeitung erkannt – na und dann gefragt. Und Ihren Namen, Grigori Jessejewitsch, hat er sogar im Unterricht wiederholt. Genauso hat er's gesagt: «Grigo-ri.»
Sinowjew bleibt stehen.

Die Uljanowa schreitet energisch den Parkweg entlang, neben ihr Bucharin, einen Schritt hinter ihnen Sinowjew.

SINOWJEW: Marija Iljinitschna! Von Zyankali war wohl nicht mehr die Rede? Hat er nichts dergleichen gefordert, darum gebeten, wie im Winter?

ULJANOWA: Nein. Er hat weder in irgendeiner Weise darauf angespielt noch sich daran erinnert.

BUCHARIN: Und andere Methoden? Er ist doch auch jetzt noch manchmal sich selbst überlassen, zum Beispiel, verzeihen Sie, im «Stillen Örtchen». Ist das nicht gefährlich?

ULJANOWA: Wir haben einen Haken ausgeschraubt und ein Guckloch in die Tür gemacht. Aber das ist eher für den Fall, daß ihm dort plötzlich schlecht wird. Na, Sie werden ihn ja jetzt selbst sehen, er denkt nicht mal mehr im Traum an solche Sachen.

SINOWJEW: Wartet mal, und wie sollen wir mit ihm Kontakt aufnehmen?

Alle halten an.

SINOWJEW: So unvermittelt könnten wir ihn vielleicht doch erschrecken.

ULJANOWA: Dann werde ich euch ihm eben von weitem zeigen: «Guck mal, da gehen Grigori und Nikolaj!»

SINOWJEW: Und wenn er plötzlich nicht will? Da wird es dann heißen, die sind zwar hingefahren, aber er hat sie weggejagt. Das erklär mal diesen Idioten! Man müßte ihn erst mal gesprächsweise darauf vorbereiten, und dann... *(Macht eine Handbewegung.)*

BUCHARIN: Hm, ja, das könnte unangenehm werden... und dann könnte sich der Alte trotzdem alles in allem aufregen... Ej, Manjascha.

ULJANOWA: Dann zeigt euch vorerst nicht! Versteckt euch dort, in den Büschen, ich geh zu Wladimir Iljitsch und sehe, wie er sich fühlt! Dann gebe ich euch ein Zeichen. Wenn ich mit der Hand winke, könnt ihr kommen. Abgemacht?

BUCHARIN: Alles klar. Eine Konspiration... das ist ja wie früher!

Uljanowa geht fort. Bucharin und Sinowjew biegen vom Weg aus in den Wald ein, ducken sich unter Sträuchern und Bäumen hinweg. Man kann den Specht klopfen hören.

SINOWJEW: Hör mal, Nikolaj, das ist doch eine ernste Angelegenheit. Wenn man uns von hier fortjagt, wie diesen Deutschen und all die anderen, dann wird unser Besuch hier womöglich ein totaler Reinfall. Überleg mal selbst: Da sind wir nun als seine nächsten Kampfgenossen, als seine Schüler angereist gekommen, und er geht uns womöglich an die Gurgel.

BUCHARIN: Na und, wer wird das schon erfahren? Dein Ossipow aus Sankt Petersburg wird die Klappe halten, er ist ziemlich eingeschüchtert.

SINOWJEW: Und Getier? Getier war doch heute auch hier. Und das bedeutet, daß schon morgen Ljew Dawidowitsch von der Sache informiert sein wird. Und am nächsten Tag werden sie über unsere Vertreibung in jeder Basiszelle tratschen!... Wir hätten unseren Besuch doch lieber ganz offiziell über das Politbüro abstatten sollen, und nicht anders. Stalin könnte einschnappen: Wir haben ihn ja wieder einmal umgangen. Und dabei ist er persönlich für die Isolierung Lenins verantwortlich.

BUCHARIN: Halt mal! Da sind sie!

Sinowjew und Bucharin ducken sich gleichzeitig hinter einem Busch und erstarren. Nachdem sie sich überzeugt haben, daß niemand sie bemerkt hat, biegen sie vorsichtig die Zweige des Gebüschs auseinander. Aus ihrem Versteck können sie gut verfolgen, wie sich die Uljanowa Lenin nähert.

ULJANOWA: Hej, Wolodja!

LENIN *(freudig)*: Hej, hej...

Während sie sich Lenin nähert, beginnt die Uljanowa, ihm irgend etwas zu erklären.

BUCHARIN: Wenn sie uns jetzt ruft, dann geh du als erster.

Die Uljanowa sieht zu den «Verschwörern» hin, winkt sie einige Male energisch mit der Hand zu sich her. Durch ihre Geste auf-

geschreckt, erheben sich Sinowjew und Bucharin langsam und stürzen – ohne jegliche Verabredung – in die Tiefe des Waldes – möglichst weit weg vom Rollstuhl des Invaliden...
  Sie rennen ohne Ziel drauflos...
  Vor der vertrauten Eiche halten sie an.
SINOWJEW: Laß uns mal verschnaufen, Nikolaj. Ich kann nicht mehr.
  Beide setzen sich ins Gras. Schweigen, bemühen sich, einander nicht anzuschauen. Sinowjew reißt sich über der Brust das Hemd auf, «lüftet sich aus». Die Stille wird von dem panischen Kreischen eines Vogels unterbrochen. Bucharin blickt hoch, erhebt sich.
BUCHARIN: Hörst du? Scheint, daß einer in die Falle gegangen ist. Hundertprozentig. Schade, daß wir dem Alten keine Freude damit machen konnten...
  In der Höhe vernimmt man verzweifeltes Flügelschlagen. Mit schwerem Geräusch fliegt ein Specht aus den Zweigen auf.
SINOWJEW: Von wegen!
  Beide sehen dem Flüchtenden nach.

Die Spazierfahrt
September

Das Eßzimmer. Um den Tisch sitzen Lenin, Uljanowa, Krupskaja, Rukawischnikow, Sorka und trinken Tee.
ULJANOWA *(zu Rukawischnikow)*: Wladimir Alexandrowitsch, irgendwie sind gar keine Steinpilze mehr im Park zu sehen... Wollen wir nicht heute mal in den richtigen Wald fahren?
Lenin schaltet sich in das Gespräch ein und hebt die Hand, stimmt lebhaft zu: «Genau-genau!»
KRUPSKAJA: Ich komme mit...
ULJANOWA: Also fahren alle? Wer will mit?
Fünf Hände schnellen in die Höhe. Lenin zählt sie durch, indem er einen Finger nach dem anderen einknickt und dabei auf die anwesenden Kandidaten zeigt; mit dem letzten Finger, dem Daumen, zeigt er auf sich und hebt dann seine eigene Hand mit weit auseinandergespreizten Fingern hoch.

Auf der langen Parade-Allee sind zwei Autos zu sehen. Im ersten sitzt die uns bereits bekannte Gruppe mit dem Chauffeur Kosmatschow und mit Pakaln, im zweiten die Leibwache. Lenin sitzt auf dem Rücksitz zwischen der Krupskaja und Rukawischnikow. Die Wagen bremsen an einer Weggabelung.
KOSMATSCHOW: Wohin nun weiter? Die Moskauer Straße lang oder durch den Sowchos?
Beim Klang des Wortes «Moskauer» ist Lenin zusammengezuckt und weist mit der Hand die Richtung: vorwärts!
ULJANOWA: Am besten durch den Sowchos – das ist kürzer. *(Zeigt mit der Hand nach links.)*
KRUPSKAJA: Wir fahren durch den Sowchos, Wolodja, da haben sie einen neuen Klub eröffnet, wirst gleich sehen!
Die Autos setzen sich in Bewegung und biegen bald darauf ins

Dorf ein. Von irgendwoher tauchen Hunde auf, laufen dem Wagen hinterher, bellen. Zwei Dorfjungen treiben eine Kuh die Straße hinunter. Angesichts der Automobile drängen sie das Vieh an den Straßenrand, reißen sich nach alter Gewohnheit ihre Schirmmützen vom Kopf. Lenin wendet sich um.
KRUPSKAJA: Da vorn ist er.
Der Wagen fährt auf die Dorfkirche zu. Über dem Eingang prangt ein Transparent mit der Aufschrift «Klub». Lenin zeigt erst auf sich, dann auf das Wort «Klub», als wolle er mitteilen, daß er gern hineingehen würde. Der Wagen hält an.
ULJANOWA: Wir haben keinen Schlüssel, Wolodja. Der Klub ist heute geschlossen, wir kommen ein andermal wieder her.
KRUPSKAJA: Hier versammeln sich abends, nach der Arbeit, die jungen Leute aus der Parteizelle.

Ein Feldweg. Die beiden Wagen wälzen sich mit Mühe über die Ränder der tief ausgefahrenen Wagenspuren, rutschen immer wieder in die ausgefahrenen Furchen, kommen nur langsam voran.
KOSMATSCHOW: Rechts hätten wir uns halten müssen... *(Und wie zu sich selbst)* Hier ruinieren wir noch den ganzen Wagen...
LENIN *(angeregt, die Spazierfahrt gefällt ihm)*: Fahr-fahr! *(Lacht.)*
Das Auto bleibt im Schlamm stecken.
KOSMATSCHOW: Na, das mußte ja kommen. *(Wirft Pakaln einen vielsagenden Blick zu.)*
Pakaln steigt aus, nach ihm Rukawischnikow und die Uljanowa. Pakaln, die Sanitäter und die zur Hilfe herbeigeeilten Leibwächter versuchen, den Wagen aus dem Schlamm zu schieben. Erfolglos.
LENIN *(zur Krupskaja)*: Geh-geh! *(Zeigt auf die Wagentür.)*
Die Krupskaja steigt aus.
SORKA: Warum denn das? Und auch Sie, Marija Iljinitschna, hätten sitzen bleiben können. Das bringt doch nichts...

KOSMATSCHOW: Los, laßt es uns mal mit dem Rückwärtsgang versuchen!
Die Anschiebenden gruppieren sich um. Der Wagen bäumt sich auf und fährt aus der Grube auf eine relativ trockene Stelle. Hält an.
PAKALN: Wir müssen einfach mit Vollgas drüber weg!
ULJANOWA: Das geht nicht, dabei wird Wladimir Iljitsch ja ganz durchgeschüttelt...
Pakaln sieht zu Lenin hinüber und mustert dann nacheinander die Pfütze, das Auto und den Wagen mit den Bewachern...
RUKAWISCHNIKOW *(zur Uljanowa)*: Könnte Wladimir Iljitsch nicht mal vom Karren runtersteigen?
ULJANOWA *(verärgert)*: Wolodja, kommst du mal raus aus dem Auto?
Lenin nickt und versucht, die Autotür zu öffnen. Man kommt ihm zur Hilfe. Das Auto fährt mit Vollgas durch die morastige Stelle. Die Leibwächter setzen Lenin auf ein handgeflochtenes «Stühlchen» und tragen ihn dem Wagen hinterher. Die übrigen verteilen sich wieder auf ihre Plätze. Das Auto fährt an.
RUKAWISCHNIKOW: Na, so ein Abenteuer, was, Wladimir Iljitsch!
LENIN: Ja! *(Lacht.)*
KRUPSKAJA: Wie schade, Manja, daß du deinen Apparat vergessen hast. Sonst hättest du für die zu Hause knipsen können, wie wir in einer Pfütze steckengeblieben sind und Wolodja ein weiteres Mal «ja» gesagt hat.
Alle außer der Uljanowa lachen.

Wieder die bekannten Hunde und die Bürschchen mit der Kuh. Dann die Klub-Kirche. Oben auf dem «Klub» flicken zwei Männer das schadhafte Dach. Als sie des Autos ansichtig werden, stellen sie die Arbeit ein und verbeugen sich. Lenin bemerkt sie, nimmt schnell seine Schirmmütze ab und beugt sich nach vorn,

ohne daß ersichtlich wird, ob es sich dabei um einen Antwortgruß handelt. Das Auto entfernt sich.

Alle wieder am Tisch im Eßzimmer. Es ist dunkel geworden. Man trägt das Abendessen auf. Doktor Getier lauscht aufmerksam den Erzählungen der Ausflügler.

RUKAWISCHNIKOW: Und da sage ich: «Sie müssen wohl, Wladimir Iljitsch, mal vom Karren runtersteigen!»

ULJANOWA: Das war nun wirklich nicht nötig!

RUKAWISCHNIKOW: Was heißt nicht nötig, Marija Iljinitschna? Wladimir Iljitsch ist ausgestiegen und hat uns schieben geholfen. Wer weiß, wie lange wir uns ohne ihn noch abgeplagt hätten. Aber so hat er erst mit seinem Stöckchen und dann auch noch mit der Schulter nachgeholfen. *(Macht es vor.)*

Getier und die Uljanowa lachen. Die Krupskaja schüttelt vorwurfsvoll den Kopf.

Von der Straße her hört man das Geräusch eines vorfahrenden Automobils. Lenin lauscht und blickt die Uljanowa fragend an.

LENIN: Was-was?

ULJANOWA: Was-was, Wolodja, hast eine rote Nas'. Wirst dich doch nicht erkältet haben?

Lenin zieht demonstrativ *(da habt ihr's!)* einige Male geräuschvoll Luft durch die Nase ein und stößt sie schnaufend aus.

ULJANOWA: Frierst du, Wolodja? Vielleicht solltest du ein Gläschen Wein trinken, um dich aufzuwärmen?

LENIN: Genau-genau!

Die Uljanowa holt aus dem Buffet eine geöffnete Flasche französischen Rotwein und Gläschen. Rukawischnikow schenkt den Wein aus. Lenin nimmt ein Gläschen in die Hand, prostet Rukawischnikow zu, probiert einen Schluck, zeigt auf den Käse. Auf seinem Gesicht zeigt sich ein zufriedenes Lächeln. Er trinkt aus. Fordert Rukawischnikow auf, seinem Beispiel zu folgen.

Nach Moskau, nach Moskau!
18. Oktober 1923

Lenins Zimmer. Morgendämmerung. Lenin wälzt sich im Schlaf herum. Setzt sich im Bett auf. Stellt die Füße auf den Boden. Man hört die Federn quietschen. Sorka erscheint.
SORKA: Wladimir Iljitsch, brauchen Sie etwas?
Lenin zeigt mit der Hand auf seine Kleider.
SORKA: Es ist noch früh, Wladimir Iljitsch, noch nicht einmal sieben, im Haus schlafen noch alle.
Lenin guckt aus dem Fenster. Draußen ist es grau. Vielleicht ist es ja wirklich noch zu früh. Nickt mit dem Kopf. Läßt sich wieder zurückfallen, wenn schon nicht in den Schlaf, dann wenigstens ins Bett.

Sorka kehrt in das Nachbarzimmer zurück, setzt sich an den Tisch, angelt das Tagebuch aus seiner Tasche, den Tintenstift und beginnt seine routinemäßigen Eintragungen.
SORKA *(brummt)*: Heute nacht... hat mich... Wladimir Iljitsch... mit einer Bewegung der Finger... seiner... rechten Hand... wieder zu sich gerufen... Ein Blick... von W. I., wieviel ist das wert?... Und die Nähe seiner Arme... seiner Beine... des Kopfes... des ganzen Körpers... Das kann man... unmöglich beschreiben!...

Mittag. Kosmatschow schläft im Auto. Pakaln tritt heran, schaut durchs Wagenfenster, klopft.
PAKALN: Ej, Kosmatschow, schläfst du schon wieder? Sieh zu, daß du gegen eins aufwachst! Der Alte will geschoren werden.
KOSMATSCHOW *(öffnet gähnend die Tür)*: Will er etwa ausgehen?
PAKALN: Du müßtest dir auch mal die Haare schneiden! Du siehst ja aus wie dein eigener Pope. *(Schweigt kurz.)* Danach schneidest du mir die Haare!

Lenins Zimmer. Er sitzt in dem Sessel auf Rädern und hat einen Frisierumhang um. Anwesend sind die Uljanowa, Sorka, Pakaln, der Chauffeur-Barbier. Auf dem Tisch liegen – auf einer weißen Serviette – eine Haarschneidemaschine, Kamm, Schere und ein in Zeitungspapier eingewickelter Zerstäuber. Der Chauffeur nimmt die Schere vom Tisch und klappert mit ihr.

ULJANOWA: Jetzt werden wir dich verjüngen, Wladimir Iljitsch!
LENIN: Ja!
Kosmatschow macht sich an die Arbeit. Von Zeit zu Zeit dreht er zart – mit zwei Fingern – den Kopf seines Klienten, tritt zurück, begutachtet seine Arbeit mit zusammengekniffenen Augen, pustet einzelne Härchen weg.
ULJANOWA: Vergessen Sie den Hals nicht... der Apparat ist doch nicht etwa stumpf?
KOSMATSCHOW: Den hab ich im «Zentralen Kriegskomitee» requiriert, deutsche Wertarbeit. So was hat nicht mal Pjotr Petrowitsch.
PAKALN *(wichtigtuerisch)*: Na, und ob ich so was habe!
Sorka verfolgt mit Argusaugen Lenins Haarsträhnen, die hier achtlos zu Boden fallen, verweilt mit einem heißen, begehrlichen Blick auf der dicksten Strähne.
KOSMATSCHOW: Das wär's, fast fertig, Wladimir Iljitsch.
Läßt das Gerät sinken, nimmt die Serviette vom Tisch, rollt sie auf und zeigt den Zerstäuber.
KOSMATSCHOW: Eau de Cologne erster Sorte, Vorkriegsqualität.
Lenin zieht einige Male die Luft durch die Nase, macht sich mit dem Geruch vertraut, nickt. Die Uljanowa schüttelt mißbilligend den Kopf. Kosmatschow pumpt mit der Gummibirne. Lenin betrachtet sich im Spiegel, reißt den Kopf zur Uljanowa herum: «Na?»
ULJANOWA: Und sogar eaudecolognisiert hat er sich... Wer hätte das gedacht! Na, fertig, bald gibt's Mittagessen.

Lenin wendet sich zu Kosmatschow um, legt die Hand auf die Brust, dankt ihm. Pakaln rollt den Sessel aus dem Zimmer. Ihm folgt die Uljanowa. In der Mitte des Raumes bleibt Sorka zurück.
ULJANOWA: Und du, Genosse Sorka, kommst du nicht mit?
SORKA: Ich komme gleich, in einer Minute...
ULJANOWA: Sorka! Schon wieder!
Sorka nickt schuldbewußt und um Verzeihung bittend. Die Uljanowa schüttelt lächelnd den Kopf und geht hinaus. Sorka zieht ein vorsorglich mitgebrachtes Zelluloidtütchen aus der Tasche, wählt eine Haarsträhne aus, zwirbelt sie sich um den Finger, stopft sie in das Tütchen, reißt ein Blättchen Papier ab und schreibt: «Haare W. I. Lenins. Abgeschnitten von P. S. Kosmatschow am 18. Oktober 1923.» Birgt das Tütchen in seinem Tagebuch und steckt dieses wiederum in seine Brieftasche. Wirft einen letzten Blick auf die übrigen Haare, macht einen akkurat abgezirkelten Schritt über sie hinweg und öffnet die Tür – die Haare wirbeln im Luftzug durch das Zimmer.

Das untere Eßzimmer in Gorki. Lenin, Krupskaja, Uljanowa, Sorka. Das Mittagessen neigt sich dem Ende zu.
Von der Straße her ist das Geräusch eines vorfahrenden Autos zu vernehmen. Lenin lauscht, hält mit der bekannten Geste die Hand hinter das Ohr, guckt aus dem Fenster.
LENIN *(dreht sich zur Uljanowa um)*: Was-was?
ULJANOWA: Der Wind, Wolodja.
Lenin winkt gereizt mit der Hand ab – was soll das für ein Wind sein! Schon wieder tut sie so, als verstünde sie nicht, was er meint.

Der Seitenflügel des Herrenhauses. Lenin in einer warmen Joppe, Mütze auf, Spazierstock in der Hand, begibt sich mit Sorkas Hilfe in Richtung Park. Danach tritt Rukawischnikow mit dem Rollstuhl heraus. Ihnen folgt die Krupskaja.

RUKAWISCHNIKOW: Die Equipage ist angespannt, Wladimir Iljitsch. Ich lasse bitten!
Lenin setzt sich in den Sessel und hebt seinen Spazierstock in der Absicht, die Richtung vorzugeben.
SORKA: Tschüs, Wolodja, ich muß los; das Parteibüro tagt heute in der Universität. Laß dir's gutgehn. Auf Wiedersehen, Wladimir Iljitsch, bis morgen. *(Als er Dohlengeschrei vernimmt, zielt er mit dem Finger darauf – paff, paff.)* Schießt nur, soviel ihr wollt, aber ohne mich.
Lenin sieht den Dohlen nach, richtet den Blick wieder nach unten und schaut dem davoneilenden Sorka nach.
LENIN: Fahr-fahr!
Rukawischnikow macht sich daran, den Rollstuhl vorwärts zu schieben. Aber Lenin klopft mit seinem Stock auf die Armlehne, zeigt dann auf die Garage, von wo aus just in diesem Moment Sorka nach Moskau aufbricht.

Sorka, in Hut und Mantel, zwängt sich gerade mit seiner Aktentasche ins Auto, als die Krupskaja mit halbblindem Blinzeln und ohne auf ihren schmutzig werdenden Rocksaum zu achten, in lehmbeschmierten Stiefeln herbeieilt.
KRUPSKAJA *(noch im Laufen)*: Warum haben Sie sich von Wladimir Iljitsch verabschiedet? Jetzt will er auch nach Moskau! Nach Moskau, verstehen Sie, nach Moskau! Laufen Sie und halten Sie ihn auf, sagen Sie, daß Sie nur Spaß gemacht haben, bleiben Sie hier!
Sorka eilt los, um seinen Fehler wiedergutzumachen.
   Lenin und Rukawischnikow befinden sich inzwischen am Tor zum Garagenhof. Lenin bemüht sich, das Tor mit dem Griff seines Spazierstocks zu öffnen. Es gibt nicht nach.
RUKAWISCHNIKOW: Ich hab Ihnen doch gesagt, Wladimir Iljitsch, daß das Tor zugenagelt ist und daß man hier nicht durchfahren kann. Jetzt sehen Sie's selbst.

Zur Bekräftigung rüttelt er selbst ein paarmal. Auf der anderen Seite des Tores steht Pakaln und hält es zu. Sorka kommt angelaufen.
SORKA: Wladimir Iljitsch, ich bin doch hier, ich fahre nirgendwohin.
Gleich bringt Pjotr Petrowitsch das Gewehr, und wir werden Dohlen schießen...
RUKAWISCHNIKOW *(flüstert Sorka zu)*: Ich hol Marija Iljinitschna. *(Läuft weg.)*
Lenin wirft noch einen Blick auf das Tor und gibt das Zeichen zur Umkehr. Kaum sind sie fortgefahren, öffnet sich das «zugenagelte» Tor – Pakaln späht hindurch. Der Rollstuhl nimmt indessen Kurs auf den Wirtschaftsflügel, durch den man ebenfalls zur Garage gelangen kann.

Die Küche des Wirtschaftsflügels. Köche, Bedienstete, der ganze Herd ist mit Pfannen vollgestellt.
Die Küchentür geht auf. Auf der Schwelle erscheint der auf Sorka gestützte Führer. In seinen Händen hält er den Spazierstock. Ohne die Maulaffenfeilhaltenden zu beachten, weist Lenin mit seinem Stöckchen den Weg: zum Ausgang auf der anderen Seite, in die Garage. Alle stehen wie zu Salzsäulen erstarrt. Man vernimmt das Zischen der Bratpfannen. Lenin hüstelt.
Einer von den Bediensteten *(flüsternd)*: Was hat er gesagt?
SORKA: Hübsch vollgequalmt habt ihr's hier! Man kann ja nicht einmal durchatmen. Tragt den Rollstuhl in den Hof!
Sorka und Lenin treten in den Garagenhof hinaus.
Ein Dienstbote trägt den leeren Rollstuhl wie einen Sarg auf den Schultern in die Küche, durchquert sie und läßt ihn im Garagenhof vorsichtig zu Boden. Es kommt zu einem Menschenauflauf.
Lenin ignoriert den Rollstuhl und zerrt Sorka zum Automobil, das mitten im Hof steht.
Mit herrischem Rufen und entschlossenen Ellenbogen drän-

gen sich die Uljanowa, Pakaln und einige Leibwächter durch die Menschenmenge. Als letzte, ihnen hinterher, die Krupskaja.

ULJANOWA: Was soll denn das! Zurück! Kümmert euch um eure eigenen Angelegenheiten. Hier herumstehen ist verboten! *(Wendet sich an Pakaln.)* Pjotr Petrowitsch, schaffen Sie Ordnung! Sorka! Wladimir Iljitsch! Hier ist der Rollstuhl, setz dich rein, du kriegst ja nasse Füße!

PAKALN *(zu den Bewachern, indem er mit der Hand auf das im Hof versammelte Volk zeigt)*: Alle in die Küche!

EIN LEIBWÄCHTER *(indem er die Leute vor sich herdrängt)*: Nun man zu, Genossen, nun man zu!

Der Hof leert sich. Lenin wird zum Auto gerollt.

ULJANOWA *(leise zu Pakaln)*: Ich halte Wladimir Iljitsch ein bißchen auf. Laufen Sie, und warnen Sie Moskau vor.

Pakaln läuft fort.

Lenins Wagen. Darin sitzen außer ihm die Krupskaja, die Uljanowa, Rukawischnikow, Pakaln. Am Steuer der Chauffeur Kosmatschow.

Lebhaft und zufrieden klopft Lenin Rukawischnikow auf die Schulter – als wolle er sagen: Na, hab ich's denen nicht gezeigt? – und weist mit dem Kopf auf die mürrisch dreinblickende Uljanowa.

ULJANOWA: Wohin fahren wir denn überhaupt, Wolodja? Wir wissen ja nicht mal, wo wir übernachten sollen: bei uns zu Hause wird gerade renoviert, die ziehen neue Fußböden ein.

Lenin reagiert nicht und blickt auf die Straße.

ULJANOWA: Und dich, Wolodja, werden sie gar nicht in den Kreml reinlassen. Dein Passierschein ist abgelaufen.

Lenin schaut verunsichert Rukawischnikow an – der zuckt mit den Schultern.

Der Kreml. Das Politbüro tagt. Im Saal befinden sich Kamenjew, Bucharin, Sinowjew, Stalin, Trotzki, Kalinin als Vorsitzender des Allrussischen Zentralen Exekutivkomitees, Lenins Stellvertreter im Sowjet der Volkskommissare, Rykow, und noch einige hohe Parteifunktionäre.

BUCHARIN: Wie könnten wir die deutschen Arbeiter denn noch unterstützen? Womit können wir dem Genossen Thälmann konkret helfen? Mit Geld? Leuten? Waffen? Das reicht doch alles nicht!...

Kamenjews Sekretär betritt den Saal und flüstert ihm etwas ins Ohr.

KAMENJEW: Ist das sicher?

SEKRETÄR: Marija Iljinitschna versucht ihn aufzuhalten. Ich halte die Verbindung.

Kamenjew steht auf.

KAMENJEW: Nikolaj! Hör mal eben auf mit Deutschland. Genossen! Eine Sondermeldung aus Gorki. Keine Aufregung, Genossen! Lenin lebt. Er kommt hierher, zu uns.

BUCHARIN: Ja, das ist unser Alter, wie er leibt und lebt! Gleich wird die Tür aufgehen, und er kommt herein!

Alle Anwesenden drehen sich unversehens nach der Tür um. Im Zimmer herrscht Schweigen.

KAMENJEW: Von Gorki bis zu uns ist es keine Stunde. Wir haben dreißig bis vierzig Minuten. Was schlagt ihr vor?

KALININ: Ich meine, man sollte alle Leute zusammentrommeln und ihn am Tor empfangen. Einen Empfang veranstalten. Hm?

Die befremdeten Blicke der Politbüromitglieder bringen Kalinin zur Räson.

RYKOW: Michail Iwanowitsch! Was denn um Gottes willen für einen Empfang?! Wir wissen ja nicht einmal, in welchem Zustand sich Wladimir Iljitsch gerade befindet!

STALIN: Genossen, es liegt ein Beschluß des Politbüros vor: Treffen mit Wladimir Iljitsch sind verboten. Diesen Beschluß hat

niemand aufgehoben. Und uns alle hier betrifft er in erster Linie. Natürlich möchten wir den Alten gerne sehen. Aber dürfen wir seine Gesundheit aufs Spiel setzen? Ist es nicht vernünftiger, geduldig zu warten, bis er sich wieder ganz erholt hat, wieder sprechen kann...

TROTZKI *(gleichsam zu sich selbst)*: ...Oder für immer verstummt.

BUCHARIN: Ljew Dawidowitsch! Und wenn der Alte nun plötzlich wirklich vor Aufregung einen Schlaganfall kriegt? Weiß der Teufel, was alles passieren kann.

STALIN: Der Alte ist krank, und wir dürfen nicht zulassen, daß sein Zustand politisch mißbraucht wird... Sonst ist auf einmal irgendeiner von uns der letzte, der den Alten lebendig gesehen hat. In der Partei könnte das als Letzter Wille verstanden werden.

TROTZKI: Genosse Stalin ist der Ansicht, daß die Partei im Genossen Lenin einen Fürsten erblicken könnte und in uns – die Fürstenbrut.

KAMENJEW: Genossen, Genossen, die Zeit drängt!

SINOWJEW: Die Anordnung der Ärzte lautet: vor allem Ruhe. Ruhe, Ruhe und nochmals Ruhe! Keinerlei Aufregungen. Wir müssen uns mit ihnen beraten. Und bis dahin muß der Besuch von Wladimir Iljitsch so gestaltet werden, als sei im Kreml niemand da.

KALININ: Daß niemand am Tor rumsteht, niemand über den Hof läuft! Auf den Treppen, in den Korridoren...

In der Tür zeigt sich wieder Kamenjews Sekretär. Kamenjew steht auf.

SEKRETÄR: Sie fahren gerade in die Stadt ein.

KAMENJEW: Genossen, laßt uns auseinandergehen. Ich werde in der Kanzlei das Nötige anordnen und den Kommandanten unterweisen. Bis zu Iljitschs Eintreffen gibt es noch eine Menge zu tun. Vielleicht schaut er ja auch hier vorbei.

Alle gehen eilig hinaus. Nur Trotzki bleibt am Tisch sitzen. In der Tür halten Sinowjew und Kamenjew inne.

SINOWJEW: Was ist mit Ljew? Will er etwa hier auf ihn warten?
Kamenjew kehrt an den Tisch zurück.
KAMENJEW: Ljew Dawidowitsch. Bleiben Sie oder kommen Sie mit uns?
Trotzki erhebt sich, sieht sich nach der Tür um, in der Sinowjew steht.
TROTZKI: Ich bin Revolutionär und kein Verschwörer. Und Sie, Ljew Borisowitsch, was haben Sie bei denen verloren?
KAMENJEW: Ljew Dawidowitsch, wir müssen gehen, man wartet auf uns.
Trotzki geht schweigend zwischen Sinowjew und Kamenjew hindurch. Kamenjew sieht ihm hinterher, dann schaut er sich noch mal im Sitzungssaal um und schließt die Tür.
Ein Korridor im Kreml. Kamenjew erscheint in Begleitung des Kommandanten. Ihnen folgen drei Männer mit Schlüsseln und ein Mütterchen mit einem Putzlappen.
KAMENJEW: Schließen! Markieren! Versiegeln!
Der Kommandant malt mit Kreide entsprechende Zeichen auf die Türen, die Beschließer tun ihre Arbeit: schließen zu und versiegeln. Das Mütterchen wischt mit dem Lappen die Markierungen des Kommandanten wieder ab.
Über den Korridor hasten Mitarbeiter der Kremlämter, Rausschmeißer und Ordner. Man vernimmt eine vor Verantwortungsgefühl überkippende Stimme: «Alle versammeln sich in den Zimmern neununddreißig bis zweiundvierzig; es ist von innen zuzuschließen und von den Fenstern fernzubleiben! Schneller, Genossen!
Kamenjew tritt an eine der Türen.
KAMENJEW: Versiegeln!
KOMMANDANT: Das ist doch die Schaltzentrale.
KAMENJEW: Ach, stimmt ja, offenlassen!
Der Korridor leert sich.
Im Hof hört man das Geräusch der vorfahrenden Wagen.

Moskau
Erster Tag

Im Vestibül des ehemaligen Senatsgebäudes. Lenin geht mit dem gesunden Arm auf die Schulter des Sanitäters gestützt. Hinter ihm die Krupskaja, die Uljanowa, Rosanow und Getier. In einer gewissen Distanz Ossipow. Am Lift steht ein Wachposten. Lenin sieht den neuen Mann an. Schiebt den Sanitäter von sich weg, nimmt mit der gesunden Hand die Mütze ab. Der Posten nimmt Haltung an.
Der Lift kommt. Lenin und die Krupskaja setzen sich auf das Bänkchen in der Aufzugskabine. Der Sanitäter schließt die Tür und drückt auf den Knopf. Der Aufzug setzt sich in Bewegung.
Der Wachposten verfolgt mit seinem Blick den sich nach oben entfernenden Lift und drückt auf den Alarmknopf. Ein Posten in der oberen Etage hört das Signal und nimmt Haltung an.
Der Lift fährt mit seinen Passagieren langsam nach oben. Am Ziel wartet Pakaln mit dem Rollsessel. Lenin setzt sich hinein und nickt dem Posten zu. Der Sessel gleitet den Korridor entlang. Der Posten drückt auf seinen Alarmknopf. Lenin nimmt seine Mütze vom Kopf und legt sie auf seine Knie, hält sie mit der Hand fest. Dann setzt er die Mütze plötzlich wieder auf. Die Uljanowa rückt die Kopfbedeckung des Führers zurecht, bis sie ordentlich und repräsentativ sitzt.

Der Vorraum von Lenins Wohnung. Die Tür geht auf.
KRUPSKAJA: Jetzt sind wir endlich zu Hause, Wolodja...
ULJANOWA: Siehst du, Wolodja, bei uns haben sie alles renoviert – das Parkett ist frisch verlegt, ich hab nicht gelogen. Wer hätte gedacht, daß sie so schnell damit fertig werden.

Die Nacht bricht an. Kamenjews Wohnung im Kreml. Um den Tisch im Arbeitszimmer sitzen Sinowjew, Kamenjew, Stalin, Bucharin.
BUCHARIN: Sie haben ihm Tee auf der Elektroplatte gekocht. Er hat ein paar Eier gegessen. Jetzt schläft er.
SINOWJEW: Ich habe ihn aus dem Fenster gesehen. Ich konnte mir überhaupt kein Bild von seinem jetzigen Zustand machen.
KAMENJEW: Seine Sprechfähigkeit ist auf dem alten Niveau – fünf, sechs Wörter. «Was», «da», «genau», «fahr», «geh», «Mama».
STALIN: Zwei Wörter hast du noch vergessen: «ja» und «nein».
SINOWJEW: Hm, ja... Da könnte es glatt passieren, daß einer von der Opposition an ihn herantritt, irgend so ein Sapronow*, und fragt: Was halten Sie denn, Wladimir Iljitsch, von der und der Angelegenheit? Sind Sie «dafür» oder «dagegen»? Und der Alte rafft sich auf und wackelt mit dem Kopf «ja» oder «nein».
STALIN: Eben, eben.
SINOWJEW: Zum Beispiel letzte Woche in Pieter. Da nehmen wir so eine Resolution an. Und es kommt die Frage aus dem Saal: «Was denkt denn eigentlich der Genosse Lenin über diese Angelegenheit?» Da würde es genügen, wenn irgendeiner sagt, daß der Genosse Lenin nicht einverstanden ist – und alle wären bereit, das Abstimmungsergebnis umzuschmeißen.
BUCHARIN: Und was treibt unsere Opposition dort oben?
Bucharin macht einen langen Hals, so wie damals auf dem Fensterbrett, blickt nach oben – in Richtung auf die Wohnung Trotzkis in der Etage über ihnen.

* Sapronow war Wortführer einer gewichtigen innerparteilichen Opposition, die sich gegen den Annäherungskurs Lenins an Deutschland wandte. Im März 1918 führte diese Politik zum Friedensschluß von Brest-Litowsk, bei dem Rußland offiziell seine Herrschaftsansprüche in Polen, Finnland, Litauen und faktisch auch in Estland und der Ukraine aufgab. Zur Gruppe der Gegner gehörten zeitweilig u. a. Alexandra Kollontai und Trotzki.

KAMENJEW: Ich habe ihn heute gefragt: «Genosse Trotzki, bleiben Sie hier zurück?» Aber er ist aufgestanden und ist uns gefolgt.

SINOWJEW: Na, das hätte noch gefehlt, daß er nicht mitgekommen wäre!

Eine Pause. Das Telefon klingelt. Sinowjew, der am nächsten zum Apparat sitzt, blickt fragend auf Kamenjew. Der nickt. Sinowjew nimmt den Hörer ab. Lauscht. Alle blicken gespannt auf ihn.

SINOWJEW *(flüstert, während er den Hörer mit der Hand zuhält)*: Marija Iljinitschna. *(Lauscht.)* Was heißt schon gleich da? Hierher? Warum? *(Die Sitzenden horchen auf.)* Ach, doch nicht. Verstehe... Soda? Er hat Soda eingenommen? *(Flüsternd zu den anderen.)* Er hat Soda eingenommen. *(Fragt laut zurück.)* Schläft? *(Flüsternd zu den anderen.)* Er schläft. *(Laut.)* Ja, Marija Iljinitschna, wir legen uns noch nicht schlafen, wenn noch was ist – rufen Sie ruhig an.

Sinowjew legt den Hörer auf, blickt triumphierend auf die Umsitzenden – na, ihr seid wohl erschrocken?

KAMENJEW: Jetzt schläft er. Aber was wird er morgen machen? Übermorgen?

STALIN: Noch ein paar Tage wie dieser, und unsere ganze Kanzlei ist paralysiert.

KAMENJEW: Vielleicht sollte er doch mal das Volk zu Gesicht bekommen?

SINOWJEW: Ja, ich denke, das kann man ruhig machen. Wir stellen die Ehrenwache auf und denken uns noch irgendwas dazu aus...

BUCHARIN: Aber der Alte ist doch ein Prachtkerl. Gott, was für ein Prachtkerl!

Moskau · Zweiter Tag Am Morgen des folgenden Tages. Eine Aussichtsplattform auf der Kremlmauer. Ein Posten. Man hört das Schlagen der Turmuhr.

Unten auf dem Platz marschiert ein Zug von Kremlkadetten.

ZUGFÜHRER: Augen rechts!
Neben dem Zugführer geht ein Mann in Zivil. Der Zug marschiert. Der Führer und der Zivilist sprechen miteinander, gestikulieren.
ZUGFÜHRER: Augen links!

Lenins Büro. Am Tisch sitzt Lenin in der Pose der bekannten Fotografie «Lenin liest die Prawda». Legt die Zeitung hin und mustert nacheinander seinen Arbeitstisch, die Wände, die Schränke. Das Federmesser. Die Telefonapparate. Die Tischlampe, Marke «Kowal». Das Marxporträt. Die Wandkarte. Den Affen, der einen Schädel* hält. Die Kerzen.

Die linke Hand zieht die Schreibtischschublade auf – sie ist leer. Er versucht, die Tür vor den Schubladen in der linken Schreibtischhälfte zu öffnen. Sie ist verschlossen. Er rüttelt heftiger an ihr.

Die Stimme der Uljanowa: Wolodja! Zu der Tür braucht man einen Schlüssel. Du selbst hast den Tisch immer abgeschlossen.

Jetzt sieht man, daß sich außer Lenin auch die Uljanowa, die Krupskaja, Rukawischnikow, Sorka und Pakaln im Büro befinden.

Lenin läßt von der Tür ab. Verfällt in Nachdenken. Ändert seine Blickrichtung und macht eine Geste in Richtung auf eine Bücherkommode auf Rollen.
SORKA (fast singend): Möchten Sie ein Buch?

---

* In Lenins Arbeitszimmer im Kreml stand ein ausgestopfter Affe, der einen menschlichen Schädel hielt – offenbar eine Anspielung auf Darwin. Dies war ein Geschenk des amerikanischen Millionärs Armond Hammer. Hammer war der einzige Finanzmagnat, der die junge Sowjetunion sowohl durch finanzielle Transaktionen als auch durch großzügige Spenden unterstützte. Er selbst wurde nicht ärmer dadurch – Hammers Emissäre erwarben während des Bürgerkrieges und danach zahlreiche klassische Kunstwerke der russischen Moderne zu Schleuderpreisen.

Lenin schüttelt den Kopf.
SORKA: Heranrollen?
LENIN: Ja-ja-ja!
Sorka läßt die Kommode herangleiten. Dann wirbelt er sie herum. (In diesem Moment wähnt er sich am Steuerrad der Revolution.) Lenin zeigt auf die Bücherschränke. An einen von ihnen tritt die Krupskaja heran. Öffnet die Schranktür. Berührt die Bücher. Lenin deutet mit der Hand an: weiter unten!
KRUPSKAJA: Dieses?
LENIN: Genau-genau...
KRUPSKAJA: Hegel?
Lenin nickt. Winkt den Sanitäter herbei. Der schiebt ihn zum Bücherschrank. Lenin zeigt mit der Hand, welche Bücher herausgenommen werden sollen, einige kann er selbst erreichen. Einen Teil der Bücher gibt er wieder zurück, die anderen legt er sich auf die Knie. Gibt das Zeichen: Fahrt mich weiter.

Die Krupskaja geht zum Schreibtisch und rüttelt an der Tür, die Lenin eben nicht nachgeben wollte. Die Tür ist wirklich verschlossen.

Der Rollstuhl gleitet zu den Türen des Vorraumes beim Sitzungssaal des Rates der Volkskommissare. Dort ist niemand. Der Stuhl durchquert den Raum und stoppt vor dem Sitzungssaal des Rates der Volkskommissare. Die Uljanowa öffnet ihm beflissen die Tür, sie weiß, daß dort niemand ist. Der Rollstuhl bleibt im Türrahmen stehen. Lenin schaut sich in dem leeren Saal um, mustert die gerade Stuhlreihe, den Ofen mit dem Schildchen: «Bitte nicht rauchen!» Am anderen Ende seinen Sessel, der ganz an den Tisch herangerückt steht.

Lenin sieht die Krupskaja an: Na, wo sind denn alle? Wandert mit dem Blick weiter zur Uljanowa. Die zuckt mit den Schultern, breitet halb die Arme aus; sagen will sie aus Angst vor einer unberechenbaren Reaktion Lenins lieber nichts.

Der Rollstuhl gleitet weiter. Die Korridore sind wie leergefegt. Die Telefonzentrale – wenigstens hier müßte doch jemand sein! Lenin bittet Rukawischnikow, die Tür zu öffnen. Die Tür steht offen. Alles leer. Man hört den ungeduldigen Ton des Freizeichens. Lenin gibt mit der Hand das Zeichen zur Umkehr.

Hof im Kreml. Am Treppenhaus Lenins Rollstuhl. Neben ihm immer noch dieselben Personen und Doktor Ossipow. Lenin blickt erwartungsvoll in den Hof. Aber auch der ist wie ausgestorben. Die Uljanowa flüstert Ossipow etwas zu, der schüttelt verneinend den Kopf. Die Uljanowa flüstert hartnäckig weiter. Ossipow seufzt, macht einen Schritt auf den Rollstuhl zu, beugt sich hinunter.
OSSIPOW: Wladimir Iljitsch, sind Sie nicht müde? Vielleicht sollten wir wieder nach Gorki fahren?
Lenin reagiert nicht.

Hinter der nächsten Ecke ist der Zug der Kremlkadetten angetreten zur Parade, ein Stückchen davon entfernt stehen der Zugführer und sein Gesprächspartner vom Morgen zusammen. Der Zivilist blickt nach oben, nickt dort oben jemandem zu und befiehlt dem Zugführer: «Na los!»
ZUGFÜHRER *(leise)*: Auf der Stelle treten... Fertig... Marsch!
Der Zug fängt an, auf der Stelle zu treten, zuerst nur leicht auftretend, dann das Getrampel immer mehr verstärkend, so als näherten sie sich von ferne.
ZUGFÜHRER *(leise)*: Rechte Schulter vor! Vorwärts!
Der Zug taucht mit abgezirkelten Schritten aus seiner Ecke auf und bewegt sich dem Rollstuhl entgegen.
ZUGFÜHRER *(pumpt seine Brust voll Kremlluft und brüllt)*: Zug! Stillgestanden! Augen rechts!
Lenin führt die Hand an die Mütze – grüßt die Kadetten. Das Getrampel entfernt sich.

Wieder ist Lenin allein auf dem Hof. Vor ihm liegt das Spasski-Tor. Er wendet sich Sorka zu und zeigt in diese Richtung: «Fahr!» Der Sanitäter setzt sich munter in Bewegung. Der Rollstuhl rumpelt über den Kremlhof. Die Uljanowa bleibt wachsam: Lenin hat doch nicht etwa vor, in seinem Invalidenstuhl aus dem Kreml in die Stadt zu fahren?

ULJANOWA: Halten Sie sich mehr rechts! Mehr rechts!

Sorka bemüht sich, dem Befehl der Uljanowa zu folgen und die Richtung zu ändern, er begreift schon selbst: Lenin, der aus dem Kremltor in die Stadt gefahren kommt! Im Rollstuhl! Mitten unters Volk! Unmöglich! Aber Lenin besteht hartnäckig darauf, den Weg gerade dorthin einzuhalten.

Das Tor rückt immer näher.

An der Mauer entlang hasten irgendwelche Menschen zum Tor, verstecken sich im Pförtnerhäuschen.

Lenin dreht mit der Hand am Rad, um die Vorwärtsbewegung zu beschleunigen.

SORKA: Wladimir Iljitsch!

Die Uljanowa stürzt vor den Rollstuhl, bereit, ihn mit ihrem eigenen Körper zum Stehen zu bringen.

ULJANOWA: Wolodja! Wolodja!

SORKA: Wladimir Iljitsch, dieses Tor ist nicht zum Durchfahren gedacht. Das ist nur für Fußgänger!

ULJANOWA: Wolodja, gleich kommt das Auto. *(Und winkt mit der Hand, vorfahren zu lassen.)*

Der Uljanowa und dem Sanitäter kommt ein Regenguß zur Hilfe.

ULJANOWA *(freudig)*: Wolodja, es hat angefangen zu regnen, es regnet! Wir müssen sofort ins Auto. Wir werden eine Spazierfahrt durch die Stadt machen. Es regnet schon.

Der Wagen fährt vor. Lenin wird aus dem Rollstuhl gezerrt und in die geschlossene Limousine verfrachtet. Auf diese folgt ein zweiter Wagen.

ULJANOWA: Ladet den Rollstuhl ein! *(Leise zur Krupskaja.)* Vielleicht können wir ja aus der Stadt heraus direkt nach Gorki weiterfahren?
KRUPSKAJA: Manja, er hat wohl in die Stadt, auf den Platz einfach so... hinausfahren wollen?
ULJANOWA: Ach, Nadja! Man hätte ihn doch schon in Gorki aufhalten müssen! Ich mag gar nicht dran denken, wenn...
KRUPSKAJA: Wenn nur bald alles vorbei wäre...
ULJANOWA: Was alles?
KRUPSKAJA: Alles.
Tränen und Regen vermischen sich in ihren Basedow-Augen.
Die Autos schwenken zum Trotzki-Tor hinein.

Die luxuriöse Wohnung Kamenjews im Kreml. Das bekannte Büro, wo sich Stalin, Sinowjew, Bucharin, Rykow und Kalinin versammelt haben. In Erwartung des Hausherrn beschäftigen sich die Gäste – jeder auf seine Weise – selbst: einer raucht, einer schaut aus dem Fenster, einer blättert die Zeitung durch.
BUCHARIN: Man muß wenigstens morgen in der «Prawda» etwas über seine Ankunft bringen.
RYKOW: Wir müssen den Text besprechen.
KALININ: Das wird den Leuten Mut machen... Ich glaube...
STALIN: Mut machen – das stimmt schon, Michail Iwanowitsch. Aber wir müssen weiter in die Zukunft blicken. Je mehr Mut wir ihnen machen, desto bitterer wird die Enttäuschung, falls sich die Hoffnungen auf eine baldige Genesung nicht erfüllen. Habt ihr ihn heute morgen gesehen? Mir scheint, daß die Lage nach wie vor ernst ist. Es sind... *(Zählt an den Fingern ab.)* Fast acht Monate sind schon seit dem letzten Schlaganfall vergangen, und er macht nur langsam Fortschritte... Und woher wollen wir wissen, daß er keinen Rückfall erleidet? Der kann schon morgen eintreten, sogar schon heute. Warum sollten wir falsche Hoffnungen bei den Menschen erwecken?

SINOWJEW: Iossif hat recht, wir müssen auf alles gefaßt sein, sogar auf das Schlimmste. Mit den Kremlkadetten – das war eine gute Idee. Das hat dem Alten Freude gemacht, und die Leutchen selbst werden sich auch gern dran erinnern. Aber in Gorki, da läuft es irgendwie schief. Wenn man überlegt, daß er da so einfach durch die Küche gelaufen ist – das hätte sein letzter Auftritt vor dem Volk sein können. In der Küche, zwischen lauter Töpfen mit Suppe. Da müssen wir uns in Zukunft was einfallen lassen... Vielleicht sollten wir eine Delegation Werktätiger zu ihm schicken.

KALININ: Richtige Arbeiter müssen her, Weber und – wie ich finde – Metallarbeiter.

Kamenjew tritt ein.

KAMENJEW: Gehn wir rüber, Genossen, meine Frau hat da inzwischen eine Kleinigkeit für uns hergerichtet.

Alle erheben sich und gehen ins Eßzimmer. Versammeln sich um den erlesen gedeckten Tisch und warten auf die Aufforderung, Platz zu nehmen. Bucharins Blick gleitet über die mit Bildern vollgehängten Wände. Er bemerkt ein neues Bild.

BUCHARIN: Ein Malewitsch?

Kamenjew macht eine wegwerfende Handbewegung.

KAMENJEW: Ich lasse bitten. Zu Tisch, Genossen.

Alle setzen sich um den Mittagstisch. Kamenjew führt den Vorsitz, schenkt Wein aus.

KAMENJEW: Nikolaj! Schenk du dort drüben ein! Zimljanskoje, Fine Champagne, Chablis, Zinandali, und für alle, die möchten – Wodka aus dem Eiskübel.

Bucharin bedient die Genossen an seinem Tischende.

BUCHARIN: Haben wir denn nun das mit der «Prawda» endgültig entschieden? Die morgige Nummer geht bald in Satz.

RYKOW: Besser nichts bringen. Daß er in Moskau gewesen ist, werden sie auch so rausbekommen. Auch ohne Zeitung.

Kamenjew klopft mit seinem Messer gegen eine Karaffe.

KAMENJEW: Genossen! Etwas gibt es, worüber wir alle einig sind: Unser erster Toast gilt der Gesundheit Wladimir Iljitschs! Prost, Genossen!
Alle stoßen miteinander an.
STALIN: Aber immerhin: Was für ein Prachtkerl unser Alter doch ist. Hat sich aufgerafft und ist hergekommen. Ehrlich gesagt, ich hätt's nicht erwartet.
KALININ: Ich hab mich hinter der Zaren-Kanone versteckt. Ich glaub, er hat mich trotzdem bemerkt. Hat so rübergelächelt...
KAMENJEW: Genossen, bei uns im Leninmuseum...
SINOWJEW: Wieso Museum? Gibt's denn schon ein Museum?
KAMENJEW: Verdammt, ich hab mich versprochen, im Institut für Wladimir Iljitsch...
Das Telefon läutet. Kamenjew steht auf, geht zum Telefon, nimmt den Hörer ab. Die anderen verstummen.
KAMENJEW: Ja... Sie nähern sich Gorki? Alles klar. Danke. Legt den Hörer auf.
RYKOW: Genossen, Genossen! Bitte nachschenken. Wir haben Grund zum Feiern...

In Lenins Wagen. Er sitzt hinten zwischen der Krupskaja und der Uljanowa.
ULJANOWA: Ich bin so müde. So furchtbar müde. Und du, Wolodja?
Lenin schweigt.
ULJANOWA: Wolodja, schläfst du?
LENIN *(düster und deutlich)*: Nein.
Die Automobile fahren durch das offene Tor des Gorki-Anwesens. Die Posten schließen das Tor wieder.
ERSTER POSTEN: Unsre sagen, er sei in Moskau gewesen.
ZWEITER POSTEN: Ich würd auch gern mal nach Hause fahren. Aber hier kriegst du ja nie frei.

Fallende Blätter
Ende Oktober

Der Park in Gorki. Ein unerwartet warmer Tag Ende Oktober. Die Blätter fallen: gelbe, purpurrote – die letzten. Die Arbeiter im Park rechen das gefallene Laub zusammen. Lenin befindet sich in der Südlaube auf halbem Wege vom Herrenhaus zum Fluß. Er trägt einen schlechtsitzenden Feldrock über einem dicken Pullover, Hosen und gewienerte orthopädische Stiefel. Auf dem Kopf die Mütze. Er sitzt in seinem Rollstuhl. Ein Stückchen weiter, in einem Korbstuhl, die Krupskaja mit einem Buch auf den Knien. Auf den Stufen zur Laube, mit dem Rücken zu Lenin und der Krupskaja, hat Pakaln es sich bequem gemacht. Träge in die Sonne blinzelnd, stochert er mit einem Zweig in dem gefallenen Laub herum.

KRUPSKAJA *(liest leicht stammelnd)*: «...Man muß einmal auf den Partei- und Sowjetversammlungen gewesen sein, auf den Kundgebungen in den Fabriken, um die ganze Liebe des russischen Volkes zu Lenin zu spüren. Bei seinem Erscheinen erhebt sich ein nahezu furchterregender Sturm des Applauses. Alle erheben sich freudig erregt und stellen sich in einer dichten Menschenmauer um diesen unvergleichlichen Menschen auf. Und er bleibt so einfach, so schüchtern, so gerecht, so menschlich, ein solcher Genosse...» Noch weiterlesen, Wolodja?

LENIN *(nickt)*: Genau-genau.

KRUPSKAJA: «Die Freunde und Genossen Lenins sind bereit, jederzeit ihr Leben für ihn zu opfern. Was würden sie nicht alles tun für Wladimir Iljitsch...»

Pakaln nickt ein. Der Zweig erstirbt in seiner Hand.

KRUPSKAJA: «Niemand wird so geliebt und vergöttert wie er – er, der einst verspottet, verleumdet und gehaßt wurde...»

Pakaln öffnet die Augen und merkt auf: vorsichtig mit den Pfoten

über die trockenen, brüchigen Blätter tastend, schleicht eine weiße Katze in die Laube.

PAKALN *(mit dem Zweig fuchtelnd)*: Ksch!

Krupskaja reißt sich von dem Buch los, blickt auf die Katze, dann fragend auf Lenin – ob sie mit dem Lesen fortfahren soll? – und versenkt sich von neuem in das Buch. Aber das Buch interessiert Lenin schon nicht mehr. Lautlos bewegen sich seine Lippen, er reibt sich die Stirn und versucht, dem Gedächtnis die vergessenen Worte zu entlocken. Schließlich zeigt er mit der Hand auf die Katze.

LENIN: Gib – Mieze – Fisch!

Krupskaja und Pakaln wechseln Blicke.

KRUPSKAJA: Was hat er gesagt, Pjotr Petrowitsch?

PAKALN: Wir sollen die Katze füttern.

KRUPSKAJA: Ich geh gleich los, Wolodja, und geb Bescheid, daß sie ihr etwas bringen sollen.

Die Krupskaja verläßt eilig die Laube. Auf dem geflochtenen Sitz des Sessels bleibt das aufgeschlagene Buch liegen – «Wladimir Iljitsch Lenin – ein treues Bild seines Lebens» – die erste umfangreiche Lenin-Biographie des französischen Sozialisten Guilbeaux.

Nachdem sie um Lenins Rollstuhl herumgestrichen ist, geht auch die Katze weg. Lenin sieht ihr nach und blickt dann auf Pakaln. Der zuckt mit den Schultern.

PAKALN: Blödes Vieh.

Die Krupskaja hat das Haus erreicht. Sie läuft schnell. Mit einem Lächeln flüstert sie: «Gib – Mieze – Fisch!» Zieht die Nase hoch.

Am Abend desselben Tages im Zimmer der Sanitäter. Die Mitte des Zimmers nimmt ein großer runder Tisch mit Stühlen ein. Am Fenster sitzt – in seinem Polstersessel auf Rädern – Lenin. Neben ihm die Krupskaja; in den Händen hält sie immer noch das Buch. Beide sitzen dem Fenster zugewandt, hinter dem sich

das Dorf Gorki erstreckt. Hinter den Hügeln geht die Sonne unter.

KRUPSKAJA *(liest)*: «...Despot, extremistischer Phantast, jämmerlicher Partei-Rädelsführer, Intrigant, deutscher Spion, Verräter – so nannte man ihn noch vor fünf Jahren. Heute wird er mit Peter dem Großen verglichen. Der Name, das Leben, die Taten dieses großen Sozialreformers, dieses seltenen politischen Genies – gehören bereits heute der Geschichte an.»
Sie beendet die Lektüre und schaut Lenin erwartungsvoll an.

LENIN: Ilbo, Ilbo!

KRUPSKAJA: Willst du Guilbeaux noch einmal lesen?

LENIN: Genau-genau!

KRUPSKAJA: Ganz von Anfang an?

LENIN: Genau-genau...

Die Krupskaja öffnet das Buch und beginnt wieder von vorn: Henri Guilbeaux. «Wladimir Iljitsch Lenin – ein treues Bild seines Lebens». «Seit Menschengedenken ist niemand so sehr geliebt, verehrt und anerkannt worden. In der abgelegensten Hütte hängt sein Porträt neben der Heiligenikone, und für viele Minister und Großmachtpolitiker...»

Leise öffnet sich die Tür. Die Uljanowa späht ins Zimmer.

ULJANOWA *(flüsternd zu Sorka, der hinter ihrem Rücken steht)*: Tatsächlich, den Sonnenuntergang schauen sie sich an... *(Lehnt die Tür wieder an.)* Jeden Tag diese Sonnenuntergänge...

SORKA: Noch vier Minuten...

Die Uljanowa setzt sich, als warte sie darauf, zum Chef vorgelassen zu werden. Sie hält eine schmale Aktenmappe in Händen.

ULJANOWA: Haben Sie denn heute lange mit dem Unterricht gemacht?

SORKA: Fast fünf Stunden.

ULJANOWA: Waaaas?

SORKA: Marija Iljinitschna, was wird denn in Moskau so über Deutschland geredet? Neulich war Bucharin hier und hat ge-

sagt: In Deutschland hat schon die Revolution angefangen, der Weltkrieg, und dann ist Foerster angefahren gekommen und sagt, nichts dergleichen, bloß die üblichen Unruhen... Ich kapier's einfach nicht, was tut sich denn da nun wirklich?
ULJANOWA: Später erzähl ich Ihnen, was da los ist.
SORKA *(schaut auf seine Uhr)*: Marija Iljinitschna, die Sonne ist untergegangen.
Die Uljanowa steht auf, geht ins Zimmer hinein. Man hört ihre Stimme: Da bin ich. Wie geht's, langweilt ihr euch auch nicht?
Sorka schaltet die Lampe ein, fischt sein Notizbuch heraus und schreibt brummend: Heute hat W. I. ... den Sonnenuntergang beobachtet... zum achtzehntenmal. Ihm zur Seite... befand sich N. K., und vorgestern... war an ihrem Platze... ich... vgl. die Aufzeichnungen vom Mittwoch...

Das Zimmer der Sanitäter. Das Licht ist an, die Vorhänge zugezogen. Die Uljanowa steht am Tisch und zieht vorsichtig aus ihrer Aktenmappe eine flache, samtbezogene Schachtel.
ULJANOWA: Gleich, gleich haben wir's... *(Bietet Lenin die Schachtel dar, öffnet sie feierlich.)* Da, Wolodja, ein Geschenk für dich von den Arbeitern. Guck mal, was für ein Prunkstück!
In der Schachtel befindet sich eine große Schale mit einem Porträt Lenins darauf. Lenin wird munter, streckt die Hand aus.
ULJANOWA: Sieh mal, da steht noch: «Dem Führer und Lehrer, dem Genossen Lenin mit kommunistischem Gruß».
Lenin zieht die Schale zu sich heran, mustert sie aufmerksam, dreht sie und versucht, die Widmung zu entziffern. Hinter ihm, auf einem kleinen Sofa, sitzen die Krupskaja und die Uljanowa und beobachten gerührt die Szene. Man vernimmt ihr Geflüster.
ULJANOWA: Hat er das wirklich gesagt: «Gib Mieze Fisch»?
KRUPSKAJA: Ja, Pjotr Petrowitsch hat's auch gehört.
ULJANOWA: Und von Moskau redet er nicht mehr? Dort machen sich alle immer noch Sorgen. *(Pause.)*

KRUPSKAJA: Ich frag mich immer noch, weshalb er unbedingt dorthin wollte? Ob er sich mit jemandem treffen wollte? Ob er irgendwas gesucht hat? Oder überhaupt dort bleiben wollte? Was, Manja?
ULJANOWA: Jetzt fängst du schon wieder damit an! Das hatten wir doch abgehakt... Dessenungeachtet werfen beide einen Blick auf Lenin und bemühen sich zu begreifen, warum er trotz allem nach Moskau gefahren ist. Der aber ist nach wie vor damit beschäftigt, sein eigenes Porträt zu studieren.
ULJANOWA: Übrigens, Nadja. Ich wollte es dir schon lange sagen, ganz offen: Ihr verbringt zuviel Zeit mit dem Unterricht. Meiner Meinung nach strengt ihn das zu sehr an... und ermüdet ihn. Ich habe mit den Professoren geredet – die meinen, daß man die Unterrichtszeit einschränken müßte. Und dann – dich erschöpft das doch auch. Guck dich doch mal an! Du achtest gar nicht mehr darauf, wie du aussiehst. Was ist das überhaupt für ein Kleid? So was würde nicht mal unsere Köchin anziehen. Und dabei hab ich dir doch ein neues mitgebracht.
KRUPSKAJA: Was soll ich denn machen, Manja, wenn's ihn doch die ganze Zeit so nach dem Unterricht drängt? Sogar abends, wenn er allein ist, will er lernen.
ULJANOWA: Na und? Man muß doch auch mal an sich selbst denken. Und ihn für anderes interessieren, ihn ablenken, zerstreuen. Ihm vielleicht auch mal ein paar neue Leute zeigen. Und dann, Nadja, ich muß das einmal in aller Deutlichkeit sagen: Seine Fahrt nach Moskau – das war das Resultat deines Unterrichts, deiner Zeitungslektüre und Gespräche. Und dazu noch die Telefonanrufe: sobald er auf irgendeinen Namen in der Zeitung stößt – rennst du los und telefonierst herum, um alles in Erfahrung zu bringen. So geht das doch nicht! Er braucht vor allem Ruhe.
KRUPSKAJA *(den Tränen nahe)*: Manja!... Ich hindere dich doch

auch an nichts, ich weiß doch schließlich auch, was gut ist für Wolodja...

ULJANOWA: Wenn das so ist, dann werde ich die Frage kategorisch stellen, dann sollen die Ärzte und das ZK eine offizielle Verordnung zur Durchführung des Unterrichts erlassen. Du hast es immer noch nicht begriffen, Nadja! In erster Linie Ruhe.

Der Krupskaja treibt es die Krokodilstränen in die Augen. Sie wühlt in der Tasche ihres Kittels und sucht nach einem Taschentuch.

ULJANOWA: Nun werd bloß nicht hysterisch, Nadja. Schließlich ist Wolodja hier! Er guckt schon...

Lenin hat sich inzwischen von der Schale losgerissen und betrachtet sich im Spiegel. Vergleicht, was er dort sieht, mit dem Bild auf der Schale. Pustet ein Stäubchen von der Schale.

Die Delegation
2. November 1923

Das Tor von Gorki. Ein Posten. Es nähert sich ein Automobil. Aus der Kabine zwängt sich ein Begleitbeamter. Zu seiner Begrüßung kommen Pakaln und Serdjukow heraus.
PAKALN: Swejki, Franz. Hast du die Delegation mitgebracht?
BEGLEITBEAMTER: Hier sind sie. Wenn sie noch leben. Sind fast an den Bänken festgefroren.
Pakaln klettert auf das Trittbrett, lugt unter die Plane des Lastwagens. Drinnen sitzen fünf Menschen: ein verzagtes Weib – die Gewerkschaftssekretärin des Bezirks (Cholodowa), ein typischer alter Arbeiter mit Schnurrbart (Kusnezow), eine kleine Komsomolzin, ein Bursche und ein Bauer. In der Ecke irgendein unidentifizierbarer Haufen unter einer Plane.
PAKALN: Was haben sie denn da?
BURSCHE: Kirschbaumstecklinge. Bringen wir als Geschenk mit.
PAKALN: Stecklinge?... Wie viele denn?
CHOLODOWA: Achtzehn Stück.
PAKALN: Warum denn achtzehn, was ist denn das für 'ne Zahl?
CHOLODOWA: Anderthalb Dutzend.
PAKALN: Ah!... *(Springt vom Trittbrett. Wendet sich an den Posten.)* Mach auf! Serdjukow, überprüf das mal. Dann bringst du sie ins Herrenhaus, ich komm dann dorthin. Die Kirschbäume zum Gärtner. Wir werden einen Kirschgarten anlegen. Dann gibt's Dörrkirschen.
Der Wagen fährt – mit Serdjukow auf dem Trittbrett – durch das Tor. Die «Delegation» kommt herausgekrochen.
BAUER: Genossin Cholodowa, sind wir da?
ALTER: Irgendso 'n Gutshaus, mit Balkon... Wem gehört das?
CHOLODOWA: Das ist ein Sanatorium. Hier befindet sich Genosse Lenin zur Genesung.

In Begleitung zweier Leibwächter setzt sich die Delegation in Richtung Herrenhaus in Bewegung. Voran die Cholodowa und der Alte, hinter ihnen die kleine Komsomolzin, der Bauer und der Bursche.

Das Herrenhaus. Lenins Zimmer. Er schreibt auf der Schiefertafel. Die Tür öffnet sich, und die Uljanowa blickt herein.
ULJANOWA: Wolodja, darf man hereinkommen?
Lenin wischt das Geschriebene so schnell wie möglich mit der Hand weg. Versteckt die Hand zwischen den Knien.
ULJANOWA: Wolodja, zu dir sind Arbeiter gekommen, aus der Manufaktur von Gluchowsk. Du wolltest dich mit ihnen treffen.
Lenin blickt die Uljanowa an und schüttelt verneinend den Kopf.
ULJANOWA: Wolodja, sie sind von weit her gekommen, aus Borgorodsk. Du hattest es ihnen versprochen. Was sollen sie denn in ihrer Fabrik sagen? Sie haben so sehr darauf gewartet, dich zu sehen. Arbeiter!

Das Eßzimmer in Gorki. An der Tür die Delegation, die von einem Bein aufs andere tritt. Vor der Delegation Pakaln und Professor Ossipow.
OSSIPOW: Genossen, wie ihr wißt, ist Wladimir Iljitsch noch nicht wieder ganz gesund und sehr beschäftigt, deshalb faßt euch bitte kurz... vielleicht fünf Minuten. Bemüht euch, keine unnötigen Fragen zu stellen.
PAKALN: Wer ihn selbst begrüßen will, den bitt ich, einzeln an ihn heranzutreten. Aber nur kurz. Die Hand bitte nicht zu fest drücken, sondern nur leicht. Noch Fragen?
BURSCHE: Und wird das auch wirklich der Genosse Lenin sein?
PAKALN *(mustert den Fragesteller)*: Stell dich hierher. Da kannst du am besten sehen.

Den Korridor entlang bewegt sich langsam – auf den Sanitäter gestützt – Lenin. Er hat einen Anzug an und einen Schlips um. Neben ihm die Uljanowa. Vor der Tür machen sie halt. Lenin tastet nach seiner Mütze und rückt sie zurecht.
ULJANOWA: Wolodja, komm, laß uns noch mal wiederholen: «Wie froh ich bin...»
LENIN *(eifrig)*: Wie f'oh ich bin...
ULJANOWA: «...daß ihr gekommen seid.»
LENIN: Daß i' gekom' seid.
Die Uljanowa greift nach der Türklinke und bringt Lenin noch einmal den Satz in Erinnerung, den er wiederholen soll.
ULJANOWA: Wie froh ich bin... *(Öffnet die Tür.)*
LENIN *(Tut einen Schritt über die Schwelle und wiederholt.)*: Wie f'oh ich bin!
ULJANOWA *(leise)*: Daß ihr gekommen seid!
LENIN: Daß i' gekom' seid! *(Nimmt die Mütze ab.)*
Pause. Stille. Die Arbeiter vergessen zu grüßen und starren stumm auf Lenin. Er setzt seine Mütze wieder auf. Die Cholodowa interpretiert diese Bewegung als Signal, tritt aus der Reihe hervor und liest laut einen vorbereiteten Begrüßungstext vor: Du, dessen Namen wie ein Banner, wie ein Leitstern ein jeder Arbeiter und Bauer *(macht eine verscheuchende Handbewegung zur Delegation hin)* voller Liebe in seinem Herzen birgt. Dich brauchen wir jetzt, im Moment der Entfaltung der deutschen Revolution, wie wir dich auch in Tagen schwerer Arbeit brauchen, in Tagen des Leides und in Tagen der Freude. *(Von hier an sprudelt sie auswendig weiter.)* Wir glauben fest, daß dein mächtiger Geist den bösen Ungeist vertreiben wird, und mit Ungeduld harren wir des Tages, an dem die ganze Welt von dem freudigen Ruf widerhallt: «Der große Steuermann steht wieder gesund am Ruder des Revolutionsschiffes.» Gegrüßt seist du, teurer Genosse und Führer, mögest du noch viele Jahre wohlleben. Für viele Sommer hochleben... das heißt Jahre.

Lenin hört aufmerksam zu, während die Aktivistin ihre hohle Lobhudelei verliest. Dann wandert sein Blick zu Ossipow, zu Pakaln, bleibt an der Uljanowa hängen. Die nickt mit dem Kopf, als wolle sie sagen: Recht haben sie, die Arbeiter. Lenin wendet den Blick wieder der Cholodowa zu, mit einem leisen Lächeln.

Das Zusammentreffen der Arbeiter mit dem Führer ist beendet. Die Delegation zieht im Vorzimmer ihre Mäntel an.

BURSCHE *(vorwurfsvoll)*: Aber du, Onkel, hattest deine Worte ja ganz vergessen!

ALTER *(zutiefst niedergeschlagen)*: Ich hab sie mir noch und noch eingepaukt und dann doch alles vergessen. Jetzt erinnre ich mich. *(Stellt sich in Positur.)* Ich bin ein Arbeiter, Schmied, Wladimir Iljitsch, ich bin Schmied, und wir schmieden alles, was du projektiert hast. Weiter weiß ich nicht mehr.

BAUER *(versöhnlich)*: Na, er hat ja eigentlich das Wichtigste gesagt.

CHOLODOWA: Was heißt hier schon: das Wichtigste gesagt! Wir hätten Chasbulajew mitnehmen sollen. Der ist auch parteilos, auch alt. Und dazu noch Schmied. Der hätte es nicht vergessen.

Die letzte Lektion

Eine Winterlandschaft: Wald, das Steilufer der Pachra. Ein offenes Feld. Menschenleere.
Lenins Zimmer. Er sitzt ruhig im Sessel, das gesunde Bein über das kranke geschlagen. Schaut aus dem Fenster. Draußen sieht man die Baumwipfel. Die rechte Hand ruht auf dem linken Knie, die linke auf der Brust.
In einem ebenso tiefen Sessel die Krupskaja. Um die Schultern hat sie einen warmen Schal geschlungen, an den Füßen trägt sie hohe Überschuhe.
KRUPSKAJA *(liest)*: «Iwan war im Krieg. Marija war zu Hause. Der Pope singt. Der Schmied schmiedet. Der Pflüger pflügt. Das Kindchen weint. Der Arzt heilt. Der Wald rauscht. Augen sehen. Ohren hören.»
Lenin sitzt die ganze Zeit über unverändert friedlich in seinem Sessel, von Zeit zu Zeit nickt er leise.
KRUPSKAJA: Jetzt wollen wir mal wiederholen. Iwan war im Krieg.
LENIN: Iwan wa' K'ieg.
KRUPSKAJA: Marija war zu Hause.
LENIN: Ma'ja wa' zu Hause.
KRUPSKAJA: Der Pope singt.
LENIN: Der Poppsingt.
KRUPSKAJA: Pope – singt.
LENIN: Pope singt...

Das Zimmer der Sanitäter. Ossipow und ein lächelnder Sorka, der sich wieder einmal durch die Anwesenheit Kamenjews, Sinowjews und Bucharins an diesem Ort geschmeichelt fühlt. Die Uljanowa lauscht an der Tür zu Lenins Zimmer. Wendet sich dann den «Gästen» zu.

ULJANOWA *(flüsternd)*: Sie machen Sprechübungen.
BUCHARIN: Ich möchte mal gucken! Durch die kleine Ritze da... Darf ich, Marija Iljinitschna? Noch während er die Frage stellt, zieht er schon seine Halbstiefel aus. Sorka begleitet ihn zur Tür. Die Ritze ist zu hoch für Bucharin. Er reckt und streckt sich und stellt sich auf die Zehenspitzen.
BUCHARIN *(Sorka ins Ohr)*: Diese Idioten machen solche Gucklöcher immer nur nach ihren eigenen Bedürfnissen. An andere denken die gar nicht. Wie oft hab ich schon drum gebeten, sie ein bißchen niedriger zu machen.
Ossipow zeigt ihm schweigend einen anderen kleinen Spalt, der so angelegt ist, daß man im Sitzen hindurchschauen kann. Bucharin hockt sich auf alle viere. Späht.
BUCHARIN *(flüstert entzückt)*: Alter... bravo, Alter... Il-jitsch... Il-jitsch...! Wir sind hier! Uns trennt nur die Zwischenwand!
Jetzt zieht auch Kamenjew seine Halbstiefel aus, schleicht vorsichtig zur Tür, streckt sich hoch, indem er sich auf Sorkas Schulter stützt. Späht.
Lenins Zimmer. Die Unterrichtsstunde dauert noch an.
KRUPSKAJA: Der Wald rauscht...
LENIN: Der Wald...
KRUPSKAJA: Der Wald rauscht.
LENIN: Wald.
KRUPSKAJA: Wolodja, bist du nicht müde?
LENIN *(wiederholt mechanisch)*: Müde...
Die Krupskaja steht auf, legt ihr Heft hin.
KRUPSKAJA: Ruh dich ein bißchen aus, ich komm gleich wieder.
Kamenjew zuckt von der Tür zurück, Bucharin kriecht auf allen vieren rückwärts, steht auf. Man vernimmt die Schritte der Krupskaja, das Schließen der Tür.
ULJANOWA *(flüsternd)*: Nadja ist in ihr Zimmer gegangen. Wir werden jetzt wohl auch gehen müssen.
SINOWJEW: Gleich, gleich.

Zieht seine Stiefel aus und schleicht auf Zehenspitzen zu dem Spalt. In Lenins Zimmer hat sich die Stimmung inzwischen völlig geändert. Den Kopf in die Hand gestützt, sitzt dort ein einsamer Lenin. Seine Schultern zucken, er weint. Sinowjew dreht sich verstört zu den anderen um: Hat sich ihnen etwa das gleiche Bild geboten?

KAMENJEW: Was ist denn da?

Sinowjew tritt von der Tür zurück und geht an Kamenjew vorbei.

SINOWJEW: Nichts. Er guckt aus dem Fenster.

Bucharin holt Sinowjew auf dem Korridor ein.

BUCHARIN: Wohin so schnell? Zieh deine Schuhe an!

Bucharin streckt Sinowjew die vergessenen Halbstiefel entgegen.

Sinowjew macht sich daran, sie zuzuschnüren, aber die Finger wollen ihm nicht gehorchen; er hat Mühe, die Beherrschung zu wahren.

BUCHARIN: Was ist denn mit dir?

SINOWJEW: Schlimm ist das, Nikolaj... sehr schlimm!

Lenins Zimmer. Man vernimmt die Schritte der Krupskaja.

Lenin hebt den Kopf und wischt sich die Tränen mit einem Taschentuch ab. Steckt es schnell in die Tasche. Die Krupskaja tritt ein. Sie hält eine Broschüre in Händen.

KRUPSKAJA: Wolodja! Ich habe unsere Erzählung über die Jagd gefunden. *(Zeigt das Heft.)* Komm, wir beschäftigen uns noch fünf Minuten damit. *(Setzt sich.)* Ich war auf der Jagd.

LENIN *(seufzend)*: Ich war auf Ja...

KRUPSKAJA: ...gd. Ja-gd. Wir fuhren in den Wald...

LENIN: Wir fuhren Wald.

KRUPSKAJA: Auf dem Schlitten.

LENIN *(schwenkt seinen Arm)*: Auf dem Schlitten!

KRUPSKAJA: Im Wald liegt Schnee...

LENIN: Im Wald liegt nee...

KRUPSKAJA: Wolodja, Sch-nee...
LENIN: Nee. *(Lächelt.)*
KRUPSKAJA: Schluß, Wolodja, für heute reicht's mit dem Unterricht. Unser letztes Wort war: Sch-nee.
Die Krupskaja öffnet ihre Arme weit: «viel Sch-nee». Diese Geste und Krupskajas Artikulation kommen Lenin furchtbar komisch vor. Er versucht, die Krupskaja nachzuahmen, breitet einen Arm aus und erstickt dabei fast vor Lachen: Sch-nee, Schnee, Sch-nee...

Das Rattern eines Filmprojektors. Auf der Leinwand Harold Lloyd in dem Film «Safety First». Das Halbdunkel des in einen Kinosaal verwandelten Wintergartens. Die Zuschauer: Lenin, sein siebenjähriger Neffe Witja Uljanow, die Uljanowa, Krupskaja, Sorka, in den hinteren Sesseln zwei ältere Hausangestellte. Als Vorführer Pakaln. Am Klavier Rukawischnikow im weißen Kittel.
Lenin lacht vor sich hin, auf dem Stuhl daneben – schallend laut – der Knabe Witja. Auf die beiden blickt mit einem Lächeln die Uljanowa, wendet dann ihren Blick dem, wie immer, ängstlich-verzagten Gesicht der Krupskaja zu. Der Blick der Uljanowa ist vielsagend: Siehst du, wie sich Wolodja amüsiert, das ist endlich mal was anderes als dein Unterricht.
Auf der Leinwand erscheint gerade jene berühmte Szene, in der Lloyd sich mit beiden Händen an den Zeiger einer gewaltigen Uhr klammert und in der Luft zappelt. Das Zifferblatt löst sich aus seiner Einfassung und neigt sich bedrohlich über die Straßenschlucht.
Ein prüfender Blick der Uljanowa: Wie mag das auf Wolodja wirken? Das Lächeln auf Lenins Gesicht verlischt. Mit der linken Hand streichelt er den rechten Arm, reibt sich das Bein. Die Augenschlitze werden immer größer, das Gesicht erstarrt, der Blick wird glasig, der Mund verzieht sich.

ULJANOWA: Licht, macht Licht...
Rukawischnikow hat den Schrei der Uljanowa nicht gehört und klimpert weiter seine Begleitmusik.
ULJANOWA *(schon fast pfeifend)*: Licht!
Pakaln, läßt den Projektor im Stich und läuft zum Lichtschalter. Das Licht geht an. Die Musik bricht ab. Über die blasse Leinwand bewegen sich sinnlose Gestalten.
ULJANOWA: Wolodja, was hast du? Hörst du? Ist dir schlecht?
Lenin reagiert nicht, sein Gesicht ist nach wie vor verzerrt, der Arm zuckt vor sich hin, gleichsam im Takt des abgerissenen Charleston.
Die Krupskaja steht da, auf das Schlimmste gefaßt. Der Knabe Witja schaut von unten in Onkel Wolodjas Gesicht.
Allmählich kehrt Lenins Gesicht zu seinem gewöhnlichen Ausdruck zurück. Er macht allen ein Zeichen, sich zu beruhigen und sich wieder hinzusetzen. Er wendet sich zu Pakaln um und schlägt ihm vor, die Filmvorführung fortzusetzen.
Pakaln schaltet, leicht zögernd, das Licht wieder aus. Die Schatten gewinnen ihr Leben zurück. Rukawischnikow kehrt zum Flügel zurück und spielt – nachdem er sich noch einmal nach Lenin umgesehen hat – irgend etwas Sentimentales, passend zur neuesten Wendung der Filmszenen.
In der Tür taucht Sorka auf. Ihm über die Schulter guckt Ossipow, auf den die Uljanowa zutritt.
ULJANOWA: Es scheint, er ist wieder zu sich gekommen. Sollten wir ihn nicht hinlegen?
OSSIPOW: Marija Iljinitschna, vorerst brauchen wir gar nichts zu tun. Sie wissen doch, daß das alles nur schlimmer machen würde. Soll der Film ruhig weitergehen...

Lenins Zimmer. Es ist Abend. Er liegt schon im Bett, hat aber die Augen noch offen. Gleich wird er einschlafen.
RUKAWISCHNIKOW: Wladimir Iljitsch, ich mach das Licht aus.

LENIN: Genau-genau.
Rukawischnikow läßt den Schalter klicken. An zwei Armen des Kronleuchters verlöschen die Birnen, eine bleibt an.
RUKAWISCHNIKOW: Wladimir Iljitsch, ich mach jetzt ganz aus.
Ehe er sich einverstanden erklärt, schaut Lenin sich noch einmal um, ob auch alles an seinem Platz ist. Seine Welt vor dem Einschlafen besteht aus der Spiegelkommode, auf der Zeitungen liegen, zwei oder drei Kärtchen aus dem Ausschneide-Alphabet, die mit einem Handtuch bedeckte Bettpfanne, die Uhr, ein Tiegelchen Vaseline, irgendwelche Pillen, eine Flasche Borschomi, Mineralwasser aus dem Kaukasus. Die Kette der Taschenuhr baumelt vom Spiegeltisch. Der im Bett Liegende empfindet dies als Unordnung, streckt die Hand nach der Uhr aus. Schaut auf das Zifferblatt, führt die Uhr ans Ohr. Noch einmal sieht er auf das Zifferblatt, schüttelt die Uhr, legt sie ans Ohr, lauscht verständnislos.
LENIN *(streckt die Uhr dem Sanitäter hin)*: Was, was?
RUKAWISCHNIKOW: Was, Wladimir Iljitsch, ist mit der Uhr was nicht in Ordnung?
LENIN: Genau-genau!
Der Sanitäter nimmt die Hand vom Lichtschalter, tritt ans Bett, nimmt die Uhr, blickt auf das Zifferblatt, führt die Uhr ans Ohr.
RUKAWISCHNIKOW: Alles in Ordnung, Wladimir Iljitsch! Sie geht.
Gibt die Uhr Lenin zurück. Der führt sie ans Ohr, lauscht, führt sie ans andere Ohr – sieht den Sanitäter an, schüttelt den Kopf.
RUKAWISCHNIKOW: Sie hören wohl nicht, wie sie geht? Kein Ticktack, Ticktack? Stimmt's?
LENIN: Ja!
RUKAWISCHNIKOW: Sie tickt ja auch sehr leise, ich selbst hab's nur gerade eben so gehört.
Lenin blickt noch einmal auf die Uhr. Nickt dankbar. Legt sie auf den Spiegeltisch. Macht es sich im Bett bequem.

RUKAWISCHNIKOW: Ich mach dann also das Licht aus? Ja?
LENIN: Genau-genau. *(Gähnt.)*

Die Kremlgarage. Ein Wagen rollt heran. Ihm entsteigen Nedobeschkin und Lenins Chauffeur Kosmatschow.
NEDOBESCHKIN: Wo ist Pleschakow?
MECHANIKER: Da drüben, macht gerade 'ne Rauchpause.
NEDOBESCHKIN: Na prima, Michail. Mach dich fertig, wir fahren.
PLESCHAKOW: Hasen?
NEDOBESCHKIN: Hasen.
PLESCHAKOW: Und was Größeres ist nicht in Sicht?
NEDOBESCHKIN: Bald wird's auch was Größeres geben. Im Dorf sind zwei Pferde verreckt, sie woll'n die Kadaver rausschaffen. Aber jetzt treiben sich hier nur Hasen rum.
PLESCHAKOW: Na, und er?
NEDOBESCHKIN: Langweilt sich irgendwie.
PLESCHAKOW: Macht nichts, die Jagd wird ihn schon in Stimmung bringen.
Pleschakow und Nedobeschkin setzen sich ins Auto.
    Der Wagen fährt auf den Kremlhof. Stoppt neben Lenins Hauseingang. Pleschakow springt raus und verschwindet im Treppenhaus. Kosmatschow und Nedobeschkin bleiben im Auto.
KOSMATSCHOW *(zu Nedobeschkin)*: Guck mal, da ist Genosse Trotzki. Hast du den schon mal gesehen?
NEDOBESCHKIN: Wo?
KOSMATSCHOW: Da drüben, der neben dem Packard steht.
Tatsächlich, etwa zehn Meter von Nedobeschkin, neben einem großen, schwarzen Wagen, steht Trotzki. Er hat einen langen Tuchmantel an, trägt Stiefeletten und hat eine Militärmütze auf. Neben ihm sein Stellvertreter Skljanski.
SKLJANSKI *(zeigt auf Nedobeschkins Auto)*: Das scheint mir doch der Wagen von Wladimir Iljitsch zu sein.

TROTZKI: Ja.
SKLJANSKI: Ljew Dawidowitsch. Sie dürfen jetzt nicht fahren, glauben Sie mir! Wladimir Iljitsch ist krank. Die Revolution in Deutschland ist erstickt. Und jetzt fahren auch Sie noch fort... Können Sie sich nicht vorstellen, was hier in Ihrer Abwesenheit alles losgehen wird?
TROTZKI: Wir können sie derzeit sowieso nicht mehr stoppen. Sie wissen doch genausogut wie ich: die Energie der Massen hat ihre Grenzen, die Massen sind jetzt müde, es beginnt so etwas wie eine «Selbstthermidorisierung»... Und das ist der Augenblick, um die Bühne zu betreten – für sie, die Epigonen. Das ist einfach ihre Zeit... Unsere Etappe der Revolution ist zu Ende. Der Alte hat das früher kapiert als alle anderen. Wie üblich. Vielleicht hat er sich deshalb auch langgelegt.
SKLJANSKI: Das heißt also, es ist aus? Das ist das Ende?
TROTZKI: Auf Ebbe folgt Flut, daran hab ich nicht den geringsten Zweifel. Sie sind jünger als ich, Sie werden die neue Welle noch miterleben. Aber wir... Wir werden erst mal das Verschüttete freischaufeln, neue Zugänge graben... ich muß fahren. Kommen Sie, verabschieden wir uns.
Sie wechseln einen Händedruck.
SKLJANSKI: Passen Sie auf, dort unten, im Kaukasus!
Trotzki setzt sich in seinen Wagen.
TROTZKI: Und wissen Sie, übrigens, Efraim Markowitsch... Das Alter – das ist von allen Dingen, die so mit einem Menschen passieren, das Unberechenbarste... Nun gut. Auf Wiedersehn.
Trotzkis Wagen fährt fort.
Aus dem Treppenhaus kommt Pleschakow gelaufen, mit seinem Gewehr im Futteral, und setzt sich in den Wagen.
PLESCHAKOW *(zum Chauffeur)*: Fertig. Los! Zeig's deiner Karre...

Neben dem Haus ein Kutscher, mit angespannten Pferden. Auf den Sanitäter gestützt, mit einem Stock in der Hand, tritt Lenin heraus. Er ist in warme Kleidungsstücke eingehüllt. Auf dem Kopf eine ausladende Pelzmütze. Die Treppe herunter kommen Krupskaja und Uljanowa. Hinzu tritt Pakaln mit Gewehr. Pleschakow mit seinem Gewehr. Der Hund Ajda.
KRUPSKAJA *(zu Pleschakow)*: Werden die Langohren auch nicht Reißaus nehmen?
PLESCHAKOW: Nein. Sie sind so gut wie zahm. Wir füttern sie doch hier.
Lenin setzt sich mit Hilfe des Sanitäters in den Schlitten. Pleschakow macht es sich daneben bequem. Der Kutscher strebt dem Tor zu. Fährt auf die Straße hinaus. Einige Sekunden später rollt das Auto mit Pakaln und der Wache hinterher, dann noch ein Auto mit Ärzten und Sanitätern. Sie fahren am Dorf entlang. Pleschakow sieht sich nach allen Seiten um, richtet von Zeit zu Zeit das Lenin von den Knien rutschende Bärenfell, reißt die Arme mit dem Gewehr hoch und macht «piff-paff, piff-paff...» Sie lachen.
PLESCHAKOW: Jetzt wird geschossen, Wladimir Iljitsch, geschossen!
Am Waldrand werden sie von drei Reitern erwartet, jeder mit einem Hund an der Leine. Sie nehmen ihre Mützen vom Kopf.
PLESCHAKOW: Na, Leute, ihr seid wohl inzwischen ganz verfroren? Jetzt geht's los!
BAUER *(zu seinem Hund)*: Hej, laß das, Karaj, zurück!
PLESCHAKOW: Vorwärts!
Mit einem Schnalzen setzt der Kutscher den Schlitten in Bewegung. Die Jäger folgen ihm am Wegesrand. Sie kommen in Fahrt. Lenin schaut nach links und rechts und sucht nach Spuren.
PLESCHAKOW: Dort... Sieh mal dorthin...!
Auf der rechten Seite tut sich theatralisch ein Feld auf, dort laufen Hasen auf den Wald zu.

Pleschakow wühlt hinter seinem Revers, zieht ein Jagdhorn hervor und drückt es Lenin in die Hand. Der nimmt das Horn, setzt es an den Mund und bläst. Das Horn gibt keinen Ton von sich. Pleschakow holt hinter seinem Revers noch ein zweites Horn hervor, bläst: «Uuuu...»

Die Bauern lassen die Hunde los. Die rasen über das Feld dorthin, wo die Hasen im Schnee Purzelbäume schlagen. Das Auto mit der Wache hinterher. Der zweite Wagen.

PLESCHAKOW: Na, Meister Lampe!...

Schüsse. Einer von den Jägern trifft, ein anderer feuert in die Luft, nur um des Lärms willen – um den kranken Alten zu zerstreuen. Schon bald verstummt die Schießerei. Die Bauern aus dem Dorf bringen die erlegten Hasen herbei.

PLESCHAKOW: Waidmannsheil, Wladimir Iljitsch, Waidmannsheil. Guck mal einer an, was das für «Weiße» sind. Bald gehen wir auf den Bären los, auf den fettbäuchigen «Bourschui».

Lenin nickt zufrieden. Der Kutscher setzt den Schlitten in Bewegung. Ihm folgen die Wagen mit der Leibwache und der «Ersten Hilfe». Hinter dem Wald blitzt die Sonne hervor. Der Kutscher knöpft seinen Schafspelz auf und dreht sich zu Pleschakow um.

KUTSCHER: Ganz schön warm, was?

PLESCHAKOW: Warm wird's uns beim Wodka werden, zum Hasenbraten.

Mit der Antwort unzufrieden, wendet sich der Kutscher an Lenin.

KUTSCHER: Wie warm es doch ist, Wladimir Iljitsch!

Lenin schläft, in den Schlaf geschaukelt von der weichen, winterlichen Straße.

Der letzte Tag
21. Januar

Dunkelheit senkt sich über das verschneite Feld... Dunkelheit senkt sich über den Park von Gorki...

Schnee knirscht unter den Füßen zweier Männer, die zum Herrenhaus gehen, dessen Fenster durch die dichter werdende Dämmerung leuchten.
 Ein wer weiß woher auftauchender Hund stürzt ihnen knurrend und bellend entgegen. Einer der Männer springt erschrocken zur Seite und stürzt dabei fast in eine Schneewehe. Der zweite, offenbar ein häufiger Gast in Gorki, geht in die Hocke und fängt den Hund, der sofort mit dem Schwanz wedelt, zu streicheln an. Jetzt kann man ihn erkennen. Es ist Bucharin.
BUCHARIN: Ruhig, Ajda, ruhig – wir sind's nur!...
Bucharin und sein Weggenosse – der Parteifunktionär Sorin – setzen ihren Weg zum Herrenhaus fort.
SORIN: Vorgestern ist er sogar auf die Jagd gegangen, aber heute hat ihn eine leichte Schwäche befallen. Die Ärzte sind da. Offenbar schläft er jetzt.
Sie nähern sich dem Haus.
BUCHARIN: Warten Sie hier auf mich, ich will nur schnell gucken, wie's ihm geht.
Er betritt den überdachten Treppenvorbau, streift den Schnee von den Schuhen, geht in die Vorhalle. Ihm entgegen kommt der diensthabende Wächter (Ljagutkin).
BUCHARIN: Sag mal, wo ist eigentlich Pjotr Petrowitsch?
WÄCHTER: Pjotr Petrowitsch ist oben.
BUCHARIN: Und Marija Iljinitschna, ist die auch dort?
WÄCHTER: Wahrscheinlich.
BUCHARIN: Dann werd ich wohl ganz vorsichtig mal raufgehn.

Ohne den Mantel auszuziehen, steigt er die Treppe in den ersten Stock empor.

Das grell erleuchtete Zimmer der wachhabenden Sanitäter ist leer. Auf dem Tisch eine offene Arzttasche mit Medikamenten. Die Tür zu Lenins Zimmer ist angelehnt. Dahinter vernimmt man leise Stimmen.

Bucharin tritt an die Tür, späht ins Zimmer. Er sieht den Wandschirm, der den Kranken verdeckt, den Spiegel, die weißen Kittel der Ärzte und den grünen Sakko von Pakaln. Die Uljanowa, die in einer entfernten Zimmerecke auf einem Stuhl sitzt. Und ganz zuletzt bemerkt er die Krupskaja, die unmittelbar neben der Schwelle erstarrt ist, als könne sie sich nicht entscheiden, ob sie denn nun weiter in das Zimmer eintreten wolle.

BUCHARIN *(leise zur Krupskaja)*: Na, wie geht's Iljitsch?
Die Krupskaja antwortet nicht. Hinter dem Schirm hervor vernimmt man den schweren, keuchenden Atem des Kranken. Der Atem geht schneller und schneller. Dann ein tiefes Einatmen. Ein Ausatmen...
FOERSTER: Kamphora!
OSSIPOW: Kampfer!
Bucharin beginnt langsam zu begreifen. Sein Gesicht drückt Bestürzung aus. Er späht durch die Lücke zwischen den Scharnieren des Wandschirms. Sieht, wie die Hände von Professor Foerster den Brustkasten des Kranken massieren. Foerster wird von Ossipow abgelöst.
FOERSTER: Genug!
Die Ärzte treten vom Bett zurück. Bucharin zuckt zusammen, als er das nach oben gezogene Bärtchen des auf dem Bett liegenden Lenin erblickt.

Sorin, dem es auf dem Hof langweilig geworden ist, raucht eine Zigarette. Er erschrickt, als plötzlich ein Hund losheult.

In der Eingangshalle steht die Uljanowa am Telefon. Sie spricht sehr leise.
ULJANOWA: Null-null-drei... Hier Uljanowa... Wladimir Iljitsch ist gestorben, gerade eben.
Sie legt den Hörer neben die Gabel und geht fort, nach oben.
 Ein Wächter taucht auf und legt den Hörer auf die Gabel. Im gleichen Augenblick klingelt das Telefon. Der Wächter nimmt den Hörer ab. Lauscht.
WÄCHTER: Nein, Genosse, nein... Lenin lebt. Ja, lebt.

Der Abschiedskuß

Das grelle Licht von Automobilscheinwerfern in der Nacht. Die Scheinwerfer beleuchten den Weg, auf dem Pleschakow erst unlängst Lenin zu seiner letzten Jagd begleitet hat. Auf diesem Weg bewegen sich hintereinander zwei Motorschlitten und einige Wagen mit Leibwächtern. In dem Motorschlitten an der Spitze sitzen Stalin, Kamenjew und Sinowjew. Im nächsten Kalinin und noch einige Partei-Mandarine. Die Scheinwerfer erfassen in der Dunkelheit den gewaltigen Heuschober, neben dem die Jäger mit ihren Hunden Lenin erwartet hatten.

SINOWJEW: Noch ein paar Minuten, und wir sind da. Und Nikolaj ist schon da! Wir haben in Moskau gesessen, aber er – sich mal einer an – war hier. Der treue Sohn am Grabe seines Vaters.

STALIN: Das mit Nikolaj werden wir schon ins Lot bringen. Die Hauptsache, daß Ljew Dawidowitsch über alle Berge ist. Von Tiflis aus braucht er im Winter gut vier Tage, um hierherzukommen. Bis Sonnabend schafft er das kaum. Na, und außerdem wird er's auch gar nicht versuchen. Da ist ihm seine Gesundheit lieber.

Die Motorschlitten fahren ins Anwesen ein. Am Tor empfängt sie eine große Gruppe von Armee- und Tscheka-Chefs, die vorgeschickt wurden. Abseits von den anderen, auf Distanz bedacht, steht Pakaln.

Die Ankömmlinge begeben sich zum Haus. Sinowjew bleibt zurück, ruft Pakaln zu sich.

SINOWJEW: Befindet sich der Leichnam oben?

Pakaln blickt Sinowjew verständnislos an, nickt. Sinowjew holt die Vorausgeeilten ein.

Die «Führer der Partei» steigen die Treppe des Herrenhauses hinauf. Allen voran Stalin. Nachdem er Sinowjew und Kamenjew auf halber Höhe des Hauses überholt hat, schreitet er ge-

wichtig und entschlossen, die rechte Hand hinter das Revers seiner halbmilitärischen Jacke gesteckt. Die Prozession endet mit Kalinin.

Im Vorzimmer zur Totenkammer warten die Krupskaja, Semaschko, Getier auf sie. Sinowjew stürzt auf die unerwartet gefaßt wirkende Krupskaja zu und umarmt sie. Kamenjew küßt ihr die Hand. Stalin drückt ihr kurz, aber, wie es die Tradition vorschreibt, bedeutungsvoll die Hand... Fragend blickt er auf Semaschko – wohin weiter? Semaschko führt die Neuangekommenen zu dem Leichnam.

Das Zimmer der wachhabenden Sanitäter. In der Mitte der Tisch, mit weißen Tüchern bedeckt. Die Spiegel sind verhängt. Die Lüster leuchten, die Balkontür ist geöffnet, es ist kalt. Auf dem Tisch der Leichnam. Zu Haupt und Füßen und überall ringsum Blumen und Tannenzweige. Ein bißchen weiter entfernt Palmen in hölzernen Kübeln, die man aus dem «Wachzimmer» in den Wintergarten getragen hat. Der Verstorbene trägt einen grünen Feldrock. Der rechte Arm ist im Ellenbogen ein wenig gebeugt, die Finger sind gekrümmt. Auf den Feldrock ist das Abzeichen der Mitglieder des Allrussischen Zentralen Exekutivkomitees geheftet.

Die Gruppe verteilt sich um den Tisch. Sie schweigen. Schauen. In einiger Entfernung von ihnen die Uljanows (Marija, Anna, Dmitri), Semaschko, die Ärzte.

STALIN: Ja, ja, so ist das... So ist das...

Unmerklich, aber die Stille mit seinem schweren Atmen zerreißend, taucht Bucharin auf. Er unterdrückt seinen Husten.

SINOWJEW: Schaut, es ist, als ob seine Wange ein wenig zittern würde...

Um die Sinnestäuschung zu zerstören, umkreist Stalin langsam den Leichnam – in einer gewissen Distanz folgen die anderen. Die Wange zittert nicht.

In der Bibliothek des Haupthauses. Sie sitzen, stehen, schweigen.
KAMENJEW: Die Ärzte sagen, daß das Ende plötzlich gekommen ist, ohne Leiden.
SINOWJEW: Ja, und sein Gesicht ist so ruhig, und die Hand... wie lebendig.
Schweigen.
BUCHARIN: Und dabei hat der Alte doch die ganze Zeit lang gelitten. Hat alles gewußt, alles verstanden und konnte nichts sagen! Da reden sie von Christus und der Kreuzigung... Aber was ist schon so eine Kreuzigung! Da reißen eben einige Muskeln, einige Knochen werden durch Nägel gespalten, und damit hat es sich – der Mensch ist tot. Aber hier hat die Folter zehn Monate lang gedauert... Das ist viel schrecklicher! Unmenschliche Qualen! Wie oft hat er doch, als er noch sprechen konnte, um Gift gebeten. Man hätte es ihm geben sollen...
SINOWJEW: Hör mal, du Apostel, wie bist du bloß hier hereingekommen? Wer hat dir das Recht gegeben, Lenins Zimmer zu betreten?
KAMENJEW: Begreifst du überhaupt, was du getan hast, Nikolaj? Von allen Politbüromitgliedern bist du als einziger im Moment seines Todes hier gewesen. Das sieht so aus, als ob du sozusagen der einzige Erbe seist, und wir alle...
BUCHARIN: Das hat sich zufällig so ergeben...
SINOWJEW: Ich bin sprachlos. Sind denn die Beschlüsse des Politbüros für dich nur Schall und Rauch?
STALIN: Nun wart mal, Grigori. Was fallt ihr denn alle so über Nikolaj her? Die Sache läßt sich doch regeln. Wir werden erst mal davon ausgehen, daß Nikolaj nicht hier war, als der Alte gestorben ist, nicht wahr, Nikolaj?
Bucharin nickt.
STALIN: Ihr wißt doch, daß Nikolaj den Alten irgendwie auf eine besondere Art geliebt hat. Wie ein Sohn den eigenen Vater...

Bucharin kann nicht mehr an sich halten und schluchzt auf.
STALIN: Wir können dann immer noch entscheiden, wie wir das einschätzen oder ob wir es uns irgendwie zunutze machen können, dieses Verhalten Nikolajs, das einfach unbedacht war... Jetzt laßt uns lieber zu wichtigeren Dingen kommen.
Kamenjew holt ein Blatt Papier aus seiner Aktenmappe.
KAMENJEW: Wir haben da schon ein paar Sachen notiert. In Stichworten: die medizinische Kommission, Sektion, Diagnose. Letztes Bulletin. Film- und Fotoaufnahmen. Der Säulensaal.
SINOWJEW: Die Sicherheitsfrage.
KAMENJEW: Das scheint alles zu sein. Die Hauptfrage: Was machen wir mit dem Leichnam, wo beerdigen wir ihn und wie? Es ist an der Zeit, eine Entscheidung zu treffen.
KALININ: Da es nun mal um so eine Frage geht, müssen wir vielleicht Nadjeschda Konstantinowna rufen? Die Schwestern – Marija Iljinitschna, Anna...
STALIN: Ich glaube nicht. Der Alte hat sein ganzes Leben der Revolution und der Partei geopfert. Die Partei ist seine Frau, seine Schwester und seine Familie, möge die Partei entscheiden, wie weiter mit seinem Leichnam zu verfahren ist.
SINOWJEW: Iossif hat recht. Wie man ihn beerdigt, das ist eine politische und keine Familienfrage. Wir wissen alle, welche Bedeutung für die Partei die persönliche Autorität Lenins bei den Massen gehabt hat. Ihn wie einen gewöhnlichen Menschen zu bestatten und den Leichnam unter der Erde zu verstecken, das hieße zuzugeben, daß Lenin nicht mehr existiert, daß wir allein geblieben sind. Wir haben doch davon gesprochen, den Leichnam in einem Mausoleum aufzubahren. Damit jeder sich vor ihm verneigen und jeder sehen kann: Lenin lebt, er hat uns nicht verlassen. Lenin ist von uns gegangen und doch bei uns geblieben.
BUCHARIN: Also, Grigori, das hätte ich von dir nicht erwartet! Und was sollen die Bauern dazu sagen: Die Reliquien unserer

Heiligen haben sie zum Teufel geschickt, und jetzt wollen sie uns ihre eigenen Reliquien unterschieben? Nein, macht, was ihr wollt, aber das ist Popenwirtschaft und sozialrevolutionäre Sentimentalität. Der Alte würde uns auslachen. Und das wollen Marxisten sein!

KAMENJEW: Nun mal langsam, Nikolaj, was schlägst du denn vor?

BUCHARIN: Na, ich weiß nicht... Vielleicht auf dem Roten Platz, im Brudergrab... Oder eine Verbrennung, wie man es in Deutschland macht... Eben irgend etwas Beispielhaftes, ein Begräbnis im Geiste der Zeit.

KAMENJEW: Wir haben noch keine geeigneten Öfen, und bei den gewöhnlichen kommt kein Pulver, keine Asche heraus, sondern unförmige Schlacke. Wir können doch nicht den Leichnam zum Verbrennen nach Deutschland transportieren.

STALIN: Verbrennen, denke ich, werden wir ihn nicht. Da sind erstens die Schlacken. Und die Bauern, vor denen sich Nikolaj so fürchtet, würden das auch falsch auslegen. Denn wen hat man denn in Rußland von alters her verbrannt? Zauberer, Hexen, Räuber und Usurpatoren. Grischka Ortrepjew*, ja, den

---

* Grischka Ortrepjew war der Name des berühmtesten aller «Samoswanzen». So bezeichnete man Prätendenten auf den Zarenthron, meist aus den untersten Schichten der Gesellschaft, die vorgaben, mit totgesagten oder verschollenen Thronfolgern identisch zu sein, und oft im Volke beträchtliche Popularität erlangten. Ortrepjew, der sogenannte «falsche Dmitri» (im Deutschen: Demetrius), gab sich für den auf ungeklärte Weise ums Leben gekommenen jüngsten Sohn Zar Iwans IV. aus. Während der sogenannten «Smuta», der «Zeit der Wirren» (etwa von 1580 bis 1610), in der das Land keine kontinuierliche Herrschaft und kein festes politisches System mehr kannte, opponierte er mit Unterstützung Polens und der Dynastie Romanow u. a. gegen den durch eine Landesversammlung zum Zaren gewählten Boris Godunow. Ortrepjew konnte nach dessen Tod 1605 für ein Jahr die Herrschaft an sich reißen und machte danach noch für längere Zeit das Land unsicher.

haben sie verbrannt. Wenn ich an unsere ganzen Samoswanzen denke, Grigori, dann glaube ich, daß du recht hast. Wir sollten uns nicht beeilen, den Alten unter die Erde zu bringen. Kaum daß wir ihn irgendwo verscharrt hätten, würde irgendwo anders, in Sibirien oder im Ural, irgend so ein Pseudo-Lenin auftauchen... Und wie wird es dann in den neuesten OGPU-Berichten über das Gerede im Volk heißen? Daß Lenin vor uns zum Beispiel nach Argentinien geflohen sei oder daß wir ihn schon vor langer Zeit gegen ein Double ausgetauscht hätten. Wir werden uns vor Samoswanzen gar nicht zu retten wissen. Das heißt, es ist unumgänglich und politisch vorteilhafter, wenn sich die Massen persönlich von ihrem geliebten Führer verabschieden. Ich bin für ein Mausoleum. Sollen sich die Leute doch selbst davon überzeugen, daß Wladimir Lenin gestorben ist. Den Leichnam könnte man, na ja, in so eine bessere Art von Kristallsarg legen. Und wenn die Zersetzung eintritt, dann können wir das Mausoleum immer noch schließen und Iljitschs Leichnam vergraben.

KAMENJEW: Also ein Mausoleum?

KALININ: Das geht. Wir haben in diesem Winter ohnehin starken Frost.

SINOWJEW: Die Ärzte sagen, daß man beim heutigen Stand der Wissenschaft den Leichnam noch bis zum Frühjahr konservieren kann.

STALIN: Je länger, desto lieber. Der Alte wird auch nach seinem Tode für die Partei arbeiten.

Das Zimmer mit dem Leichnam. Am Tisch ist schon eine Ehrenwache aufgezogen. Die «Führer» treten ein. Verteilen sich um den Tisch, betrachten Lenin, wechseln Blicke: er ist wirklich tot. Sinowjew holt tief Atem und will als erster das Ritual des Abschiedskusses vollziehen. Aber Stalin kommt ihm zuvor.

STALIN: Leb wohl, leb wohl, Wladimir Iljitsch!... Leb wohl.

Stalin beugt sich nieder, hebt den Kopf des Verstorbenen an,

drückt ihn fast gegen seine Brust und küßt ihn dreifach: auf die eine Wange, die andere Wange und die Stirn. Winkt mit der Hand und tritt schroff zurück. Kamenjew berührt mit den Lippen Lenins Stirn. Der eingeschüchterte Sinowjew tritt hinzu: sogar Kamenjew ist noch schneller als er gewesen. Seine Niederlage versucht Sinowjew durch einen besonders langen Abschied wettzumachen. Er stirbt förmlich, streichelt die Hand, die Wange, küßt den Verstorbenen auf die Lippen. Es nähert sich Bucharin.

An der Tür stehen, von den «Führern» verdrängt, Krupskaja und Uljanowa. Uljanowa verfolgt angespannt das Ritual. Die Krupskaja – gleichgültig.

BUCHARIN *(wirft sich auf den Leichnam)*: Leb wohl, Iljitsch!

Den Platz der «Führer» nimmt nun der Bildhauer Merkurow ein. Der Leichnam ist bis zum Kinn mit einem Laken bedeckt, um den Kopf herum hat man Handtücher gebreitet. Merkurow schöpft großzügig Gips aus einer Küvette und trägt die weiße Masse akkurat auf das Gesicht des Verstorbenen auf. Der Gips an Lenins Händen ist bereits getrocknet. Merkurow klopft gegen die vergipsten Hände mit seinem Spatel. Es hört sich dumpf an.

Im Zimmer Lenins, das zum Vorraum des «Seziersaales» geworden ist, haben sich außer Professor Abrikosow, der die «Öffnung» vornimmt, noch Foerster, Rosanow, Ossipow, Getier und einige weitere Ärzte häuslich eingerichtet. Sie stehen, sitzen in den Sesseln und auf Lenins Bett. Abrikosow wäscht sich die Hände in dem Schüsselchen mit der Inschrift «Dem Führer des Weltproletariats von den Arbeitern der Porzellanmanufaktur Duljowo».

GETIER: Totale Sklerose und nichts sonst. Nun ja.

Getier zieht ein Zigarrenetui hervor, bietet Rosanow eine Papirossa an. Sie beginnen zu rauchen. Foerster sitzt einsam auf dem Stuhl neben der Tür.

ROSANOW *(während er seine Zigarette anraucht)*: Die Kopfschlagader ist so verstopft – da geht kaum noch eine Schweineborste durch. Nicht zu fassen, wie er mit so einem Gehirn überhaupt noch leben konnte...

Zimmer der Sanitäter. Auf dem großen Tisch unter dem Laken Lenins Leichnam. Im Zimmer befindet sich Pakaln. Allein. Er richtet irgend etwas an der Trauerdekoration.

Leise öffnet sich die Tür. Sorka späht herein. Er ist im Mantel mit dem Hut in der Hand. Auf seinem Kragen taut Schnee. Er tritt an den Tisch heran. Blickt auf die Laken. Nimmt ein Tannenzweiglein vom Boden auf, birgt es in der Brusttasche seines Mantels.

SORKA: Ist denn so was möglich, Pjotr Petrowitsch? Ich bin in der Stadt gewesen... zum kommunistischen Wochenendeinsatz... und den Wochenendeinsatz hatten sie uns auf den Montag gelegt...

Der Wind aus den geöffneten Fenstern bewegt sanft den Saum eines Lakens.

SORKA: Hat er vor seinem Tod nichts mehr gesagt?

PAKALN *(schüttelt verneinend den Kopf)*: Nichts, nur geröchelt hat er.

SORKA: Merkwürdig...

PAKALN: Zieh doch deinen Mantel aus! *(Schluchzt. Wischt sich die Tränen ab.)* Wir werden ihn jetzt ankleiden.

Demonstration der Werktätigen zieht an Lenins Sarg vorbei.

Trauer in Moskau